高等院校经管类通用会计系列教材

高级会计实务

主　编　张其秀
副主编　罗文波

上海财经大学出版社

科生及专科生主修之用，同时也可供其他专业学生选修及有志人士自学之用。

本书由张其秀主编，负责制定全书框架结构及编排目录章节，并撰写主要章节内容，罗文波任副主编，撰写了部分章节内容，全书由张其秀整理统编。上海财经大学出版社为本书出版提供了全力支持与热情帮助，使本书能得以保证质量并顺利如期出版。在此表示由衷的感谢。

我们力求将本书编得深入浅出、通俗易懂，然而限于水平，书中难免会有疏漏之处，有待于再次的修正与完善，恳请读者指正与谅解。

编　者

2019 年 12 月

前　言

高级会计学正随着我国社会经济的不断发展而日趋成熟，尤其是近年来随着我国市场经济的发展深入，金融市场中衍生工具的陆续推出运用，企业破产清算问题凸显、租赁业务会计及政府会计的重大改革，我国财政部陆续修订出台了相关会计处理指导准则，以满足各企事业单位在新的时代背景下进行有关会计核算。

《高级会计实务》是作为我们近年陆续编写修订出版的高等院校经管类通用会计系列教材之一《高级会计学》的实训配套教材，本教材主要以高级财务会计范畴内的特殊会计问题相关实务为内容，包括典型案例、实务处理及思考训练等形式，适用于应用型本科院校高级会计实训课程的辅助教材。

本教材内容共分为六章，包括：金融衍生工具会计、物价变动会计、企业清算会计、企业合并会计、其他特殊会计及上市公司信息披露。

本书的编写力求突出以下特点：

第一，时代感。本书及时运用最新会计准则条例，以反映我国当前高级会计实务的最新发展，尤其是第一章金融衍生工具会计、第三章破产清算会计及第五章其他特殊会计中的企业租赁会计问题与政府会计改革，密切结合了我国最新会计准则的相关精神，并力求按新会计准则导向选定编写各章节内容，使本书所介绍的特殊会计业务处理更具有实际应用价值。

第二，实用性。本书以最新高级会计实务为主要内容，各章典型案例分析思路清晰、深入浅出，实务处理的例题解答条理清楚、过程详细，每章最后提供与主题相关的思考训练，以便于启发学生思考练习，提高对企业会计问题的实务操作能力，更具实用性。

第三，适用广。《高级会计实务》既吸取了国外先进的会计模式及实务处理方法，又密切结合我国现行高级会计典型业务，具有较强的可操作性，有助于提高学生的会计理论认识与实务操作能力，以适应不同层面学生的学习。本书主要适合于高等院校会计专业本

目　录

第一章　金融衍生工具会计

金融衍生工具是指以另一些金融工具的存在为前提，以其自身表现形式为交易对象，为减少、避免或转移内涵风险而以合约为主要形式进行跨期交易的金融工具。金融衍生工具实质上是以基础金融工具派生出来的一种金融合约。

金融衍生工具在广义范畴内包括：远期、期货、期权及互换等。

随着我国金融衍生工具的不断发展演变，与之相关的会计核算问题日趋复杂。

第一节　期　货

期货作为一种金融衍生工具，具有金融衍生工具的普遍特征和其自身的特性。期货交易是与现货交易相对应的概念，指预先签订商品等的买卖合同、协议，而货款的结算和实物的交割要在将来约定的时间进行的一种交易方式。期货交易的基本目的是套期保值和投机套利。

从广义的角度看，期货交易的内容包括商品期货和金融期货，其区别在于期货合约的标的物不同。

一、案例分析——商品期货

案例 1—1　　激进的期货操作

【背景资料】

远大控股(000626)是一家主营业务业绩普通的大宗商品贸易公司，然而，这家公司的副业却更为人所知：炒期货。早在 2016 年 8 月，远大控股就被举报称其涉嫌玻璃期货的操纵行为以及恶意逼仓。

远大控股在 2008 年到 2016 年的 9 年里，6 年亏损，两年微薄盈利，而 2016 年盈利状况较为突出。财务数据显示:2013年、2014年、2015年1月—8月,远大物业实现净利润分别为1.56亿元、6.01亿元、5.76亿元。远大控股曾在2015年业绩预告中如此阐述:"2015年1—12月公司净利润增长,主要得益于依托公司强大的现货分销和扎实的行业研究能力,公司大宗商品期现结合,套期、套利交易为主的经营模式日臻成熟于完善。"可见,远大控股的盈利突升主要得益于其副业——期货交易。

2017年远大物产称因物价波动大、短期内无规律可循而采取了较为保守的经营策略,最终导致销售收入实现增长,而净利润未能同步增长。数据显示:2017年上半年远大物产实现营业收入486.04亿元,较上年同期增长58.29%;实现净利润1.59亿元,其中归属于母公司的净利润2.02亿元,较上年同期下降56.28%。

2017年9月25日远大控股发布公告:近日,远大产业控股股份有限公司的全资子公司远大物产集团有限公司正在配合有关部门调查,远大物产集团有限公司控股70%的子公司远大石化有限公司已将5.6亿元扣押款划至有关部门指定账户。

2018年5月31日,在中金在线发布《远大控股:关于2017年年报问询函回复的公告》中有关内容显示:远大控股涉嫌操纵期货市场案对公司财务状况和经营成果可能产生的最终影响将有赖于有关部门的调查结果……远大物业因其过激期货操作而陷入了被调查境况。

【问题】

1. 远大控股为何要采取激进的期货操作?

2. 远大控股涉嫌期货操纵的逼仓行为是指什么?如何判断?

【案例分析】

1. 期货交易的基本目的是套期保值和投机套利,一家公司如能适当做好期货的套期套利副业也不失为一种有效的盈利模式。但是,远大的期货操作已过于激进,远远超过其主业经营。2015年、2016年和2017年远大物业管理层分别给出了净利润不低于5.58亿元、6.46亿元及7.51亿元的承诺。三年合计达19.55亿元,若达不到承诺,管理层将进行补偿。由于过高的业绩承诺,导致了远大物业在期货市场上采取了较为激进的操作方式,以至于因涉嫌期货操纵及逼仓行为而被调查。

2. 逼仓一般是指交易一方利用资金优势、货仓单优势,主导市场行情向单边运动,导致另一方不断亏损，最终不得不斩仓的交易行为。

期货交易市场中怀疑逼仓事件较为常见，尤其是小品种更容易被大资金操纵，有时存在逼仓行情是现货市场商品紧缺所致，在确定恶意逼仓时通常会结合当时商品现货市场是否紧缺，另外，某些商品生产量波动较大，也需考虑价格会随之波动。是否进行逼仓行为从一定程度上体现了期货工具对象主要为标准化合约而非实物的一大特征。

二、实务处理——金融期货(套期保值类)

(一)利率期货

【例1—1】 利率期货

【资料】

201×年，某一家美国钢铁企业持有面值50万美元的金融债券，该债券实行与同期国债利率挂钩的浮动利率，年利率为4%，半年付息一次，将于年底到期。该企业在5月份预计国债市场利率将要下降，于是以总价48万美元的价格卖出面值为10万美元的国债期货合约5份，年中利率非但没降，反而升至5%，期货合约总值变动2 500美元[500 000×(5%−4%)/2]，企业买入同样数量的期货合约平仓，并于年底收回了债券的本息。

【要求】

1. 为该企业上述利率套期业务作相关的会计分录。

2. 假如该企业不进行该项套期保值，结果如何？

【实务处理】

1. 这项经济业务属套期保值类交易，其会计处理如下(仅针对套期业务)：

(1)首先，将债券投资转入被套期项目：

借：被套期项目——持有至到期投资　　$500 000

　　贷：持有至到期投资　　$500 000

(2)运用套期工具，卖出期货合约：

借：期货交易清算　　$480 000

　　贷：套期工具——卖出期货合约　　$480 000

(3)201×年7月，利率上升之后买入期货合约平仓：

借:套期工具——购进期货合约 $482 500

贷:期货交易清算 $482 500

借:套期损益 $2 500

贷:期货保证金 $2 500

借:套期工具——卖出期货合约 $480 000

期货交易清算 2 500

贷:套期工具——购进期货合约 $482 500

(4)结转期货交易损失,记录被套期项目的公允价值变动:

借:被套期项目——持有至到期投资 $2 500

贷:套期损益 $2 500

(5)套期项目完成,转回债券投资:

借:持有至到期投资 $500 000

其他综合收益 2 500

贷:被套期项目——持有至到期投资 $502 500

2. 假如该企业未对其债券投资进行套期保值,结果由于下半年债券利率上升而带来超过原利息的额外利息收益 2 500 美元,记入“财务费用——利息收入”账户贷方。可见,企业运用利率期货进行套期保值,应该对利率市场未来走势有个准确的判断。

(二)股指期货

【例 1—2】 股指期货

【资料】

某一家中国香港企业,持有价值 200 万港元的股票,作为短期投资,在 2010 年 6 月,该企业预计股价将下跌,为对所持有的股票套期保值,该企业于当月卖出恒生指数期货合约 1 份,当天的恒生指数为 10 000 点,恒生指数期货合约的价值为每点港币 50 元,即每一份 500 000 港元。月末,恒生指数不降反而上升为 10 100 点,与该企业持有股票价格的上升幅度一致。此时,期货合约到期,企业只能买进期货合约平仓(该企业采用公允价值计量模式对股票投资计价)。

【要求】

1. 为该股指期货套期业务作相关的会计分录。

2. 假如该公司预计未来股价将上升,可能会采取何种期货操作方式?

【实务处理】

1. 该项股指期货套期业务会计处理如下：

(1)将持有股票转入被套期项目：

借:被套期项目——交易性金融资产(HK＄500 000×4)

HK＄2 000 000

贷:交易性金融资产 HK＄2 000 000

(2)卖出期货合约：

借:期货交易清算 HK＄2 000 000

贷:套期工具——卖出期货合约 HK＄2 000 000

(3)股票指数上升时,记录期货交易损失 20 000 港元(10 100－10 000)×50×4

借:套期损益 HK＄20 000

贷:期货保证金 HK＄20 000

(4)按变动后的价格 2 020 000 港元(10 100×50×4)买入期货合约平仓：

①借:套期工具——购进期货合约 HK＄2 020 000

贷:期货交易清算 HK＄2 020 000

②借:套期工具——卖出期货合约 HK＄2 000 000

期货交易清算 20 000

贷:套期工具——购进期货合约 HK＄2 020 000

(5)结转期货损失,计入被套期项目的公允价值变动：

借:被套期项目——交易性金融资产 HK＄20 000

贷:套期损益 HK＄20 000

(6)套期保值完成,转回交易性金融资产：

借:交易性金融资产 HK＄2 000 000

公允价值变动损益 20 000

贷:被套期项目——交易性金融资产 HK＄2 020 000

2. 假如该公司预计未来股价将上升,就有可能会采取买入股指期货的操作方式,这样,如果未来股价变动与其判断一致,则该期货操作可获利。

三、思考训练

"兖州煤业期货套期保值"

【背景资料】

面对煤炭市场日趋严峻的形势，兖州煤业(600188)开始拓展多元化贸易业务，在更大范围内充分利用期货市场工具，规避各类产品价格波动带来的财务风险以及运营风险，进一步保障该公司稳健运营。从2009年到2014年兖矿集团在金融衍生工具市场投入巨额资金，但基本上是亏损，直至2015年这种情况有所好转。公司2016年3月27日公告显示：为规避市场风险，充分利用期货市场的套期保值功能、价格发现功能，拓展销售渠道，提高整体盈利水平，2016年3月，兖州煤业以2.65亿元参股投资上海中期股权，借助上海中期平台开展动力煤、甲醇等产品套期保值业务，拓展其金融板块业务。2016年动力煤等期货套期保值业务的最大持仓量为200万吨，保证金额度不超过5亿元人民币，止损点为20%。上海中期为兖矿集团的全资子公司，投资完成后，兖矿集团和兖州煤业将分别持有上海中期66.7%和33.3%股权。

【问题思考】

1. 兖州煤业开展期货套期保值业务有何意义？

2. 请对兖州煤业的期货套期保值作价格、流动性、信用及政策的风险分析。

3. 你认为设定20%为公司参与期货套期保值的止损点是否合理？为什么？

第二节　期　权

期权作为金融衍生工具之一，是一种选择权利，又称期权合约，是合约双方按照约定价格在约定日期内，就是否买卖某种金融工具而达成的契约。

期权具有的非凡创造性使期权合约具有众多品种，但主要可按期权合约所涉及的标的物资产不同分为股指期权、外汇期权、利率期权及期货期权等。

可见，期权合约的交易对象既可以是基础金融工具，也可以是其他衍生工具。

一、案例分析——期货期权

案例 1—2　　中航油事件

【背景资料】

中国航油(新加坡)股份有限公司(以下简称中航油)成立于1993年,由中央直属大型国有企业中国航空油料控股公司控股,总部和注册地均位于新加坡。中航油的净资产由1997年的16.8万美元增至2003年的1.28亿美元,经营也逐步扩展到国际石油贸易业务,并于2001年12月6日在新加坡交易所主板挂牌上市,成为中国首家利用海外自有资产在国外上市的中资企业。

中航油于2002年3月起从事背对背期权交易,从2003年3月起开始投机性期权交易。这项业务仅限于公司两位交易员进行操作。2003年初,伊拉克战争爆发,从下半年开始,中航油新加坡公司时任总裁陈久霖擅自扩大业务范围,参与了石油期货期权交易,买入做多石油期权。此时国际石油波动上涨,在2003年第三季度前,由于中航油对国际石油市场价格判断正确,公司基本上购买"看涨期权",出售"看跌期权"。到2003年底公司的仓位是空头200万桶,当时因石油价格短暂下跌而获利,截至年底共盈利580万美元,产生了一定利润。

然而,从2003年年底至2004年第一季度伊拉克战争结束,国际油价涨到30美元,中航油错误地判断了油价走势,认为未来油价上涨无望,价格将回落到战争前的水平,于是调整了交易策略,卖出了买权并买入了卖权,导致期权盘位到期时面临亏损。为了避免亏损,中航油分别在2004年1月、6月和9月先后进行了三次挪盘,即买回期权以关闭原先盘位,同时出售期限更长、交易量更大的新期权。但每次挪盘均成倍扩大了风险,该风险在油价上升时呈指数级地扩大,至6月,公司因期权交易导致的账面损失已扩大至3 500万美元,但该公司不仅没有止损,反将期权合约展期并继续卖空,到2004年10月,中航油持有的期权交易量已达5 200万桶,超过公司每年实际进口量3倍以上,直至中航油不再有能力支付不断高涨的保证金,账面亏损达1.8亿美元,导致公司陷入财务困境。该公司不得不向母公司中航油集团请求援助,中航油集团不仅没责令其迅速斩仓,反而在10月20日以私募方式卖出所持15%股份,获资1.08亿美元转新加坡公司补仓,使其愈加深陷泥潭,10月26日和28日,公司无法补加合约保证金而强行平仓,从而蒙受1.32亿美元实际亏损,接着,11月8日到25日,公司期权合约继续遭逼仓而实际亏损达3.81亿美元。2004 年 12 月 1 日，新加坡公司最终在亏损 5.5 亿美元后向法院申请破产保护令，中航油事件至此结束。

【问题】

1. 中航油为什么会在期权交易上失败?

2. 中航油为何不买入看跌期权而是卖出看涨期权?

3. 中航油事件带来的启示。

【案例分析】

1. 期权交易是一种套期保值行为，这类交易都是规避商品、国债或股票指数价格可能波动的风险而采取的交易措施。但是我们不难看出，中航油从一开始的交易中获得了甜头，便开始硬把套期保值做成了投机。

从 2003 年年初伊拉克战争爆发后到下半年起，中航油参与石油期货期权交易买入做多石油期权，因国际油价波动而获利，尝到甜头的中航油加大了对期货市场的投资。但因战争结束该公司对后期油价走势判断失误，开始卖出期权，做空市场。事实证明这次改变交易策略是错误的，由于战争因素石油减产导致供给减少，另一方面世界石油需求量不断扩大，油价继续上涨，看涨期权的卖方风险是无限的、收益却是固定的。中航油出事的主要原因恰恰是将套期保值做成投机。卖出了大量的看涨期权，而管理层误判了油价走势，从而风险倍增，最终期权交易失败而陷入困境。

2. 不看涨就看跌，卖出看涨期权与买入看跌期权的区别之一在于:买入看跌一般认为未来价格会有较大的下跌;而卖出看涨期权是认为未来价格不会有大的上涨。在本案例发生的彼时，对中航油来说，或许买入看跌期权更有利些，因期权中买方具有选择权利。而卖方承担必须执行买方选择的义务。虽然在本案中，即便买入 5 200 万桶看跌期权，也一样亏损，但是作为买方风险却不会进一步扩大，只不过损失保证金。更重要的是:卖出期权是收取权利金，账面是收入，即便价格上涨亏损也是虚亏;而买入期权是支付权利金，一旦成交，账面就是支出。

3. 中航油亏损事件启示:我国企业在进行金融投资活动，尤其是从事风险较高的金融衍生品投资活动中，应加强对资金进出的监督机制、金融风险控制措施及自我保护意识等管理，进行金融投资时应更谨慎、稳健，避免出现赌博心理。期货等金融交易过程设置强制平仓的措施，就是对实际损失设定了一个止损点上限，以控制风险扩大。

二、实务处理——金融期权

(一)期权交易(套期保值类)

【例1—3】 期权交易

【资料】

有一家ABC投资公司购入股票20万股，不打算作为长期投资，股票每股价格为8元，准备2个月以后售出套现。为避免股价下落造成的损失，ABC投资公司买入了两个月后按此价格执行的5万份股票卖权合约，每份(含4股)的期权费为0.2元。在买入期权后的第一个月，股价上升为每股9元，而在第二个月期权到期时，股价又下跌为每股7元，由于价格变动与ABC投资公司预测相一致，这时该投资公司决定行使期权，并抛出股票(ABC投资公司对股票投资按公允价值计量模式核算)。

【要求】

1. 为上述期权业务作相应的会计处理。

2. 股票投资的公允价值计量模式与成本与市价孰低法有何主要差异？

【实务处理】

1. 该期权交易业务的会计处理过程如下：

(1)购入股票记录当时的股票投资公允价值：

借：交易性金融资产　　1 600 000

　　贷：银行存款　　1 600 000

(2)该项股票投资转入被套期项目进行套期保值，确认套期开始，并记录支付的期权费(卖权)＝10 000元(50 000×0.2)，即套期工具的初始值：

借：被套期项目——交易性金融资产　　1 600 000

　　贷：交易性金融资产　　1 600 000

借：套期工具——购进期权(看跌)　　10 000

　　贷：银行存款　　10 000

(3)第一个月末股价上升时，套期工具——期权有潜在亏损200 000元[(9－8)×200 000]，同时也是被套期项目的股票投资公允价值变动的增值额：

借:套期损益　　200 000

　　贷:套期工具——购进期权(看跌)　　200 000

借:被套期项目——交易性金融资产　　200 000

　　贷:套期损益　　200 000

(4)第二个月末股价下跌至7元时,套期工具——购进期权(看跌)有潜在收益,应记录看跌期权的套期工具价值变动[(9－7)×200 000],同时也是被套期项目的股票投资公允价值变动的减值额:

借:套期工具——购进期权(看跌)套期损益　　400 000

　　贷:套期损益　　400 000

借:套期损益　　400 000

　　贷:被套期项目——交易性金融资产　　400 000

(5)套期工具——购进期权合约到期,该投资公司行使期权,即按套期工具——购进期权(看跌)(卖权)约定价格售出手中的股票,并转出被套期项目股票投资:

借:银行存款　　1 600 000

　　套期损益　　10 000

　　贷:套期工具——购进期权(看跌)　　210 000

　　　　被套期项目——交易性金融资产　　1 400 000

(6)将该项套期保值初始成本(期权费)转入“其他综合收益”账户:

借:其他综合收益　　10 000

　　贷:套期损益　　10 000

2.股票投资的公允价值计量模式与成本与市价孰低法主要差异在于:当股票价格上升超过成本时是否记录股票投资价值的变动额。

(二)股票期权——股权激励

【例1－4】　股权激励

【资料】

某国内一家上市公司经董事会批准,于2010年8月1日与公司管理层签订了股票期权合同,作为公司的股权激励计划,允许管理层持有公司每股1元的普通股10万股。合同约定管理层的行权价格为每股5元,可在未来的5年内行权。2011年1月1日为股票期权的授权日,授权日的股票价格为每股6元,管理层需在工作2年后的2013年方可行权。假如公司管理层在2013年1月1日(授权日的2年后),执行了全部股票的50%,即按照每股5元的价格购买了5万股普通股(假定当时的市价为每股7元),如果公司管理层在以后的年份,又执行了全部股票期权的50%,即按照每股5元价格购买了5万股普通股(假定当时的市场价格为每股8元)。

【要求】

1. 为该公司的股票期权事项作相关的会计处理。

2. 假如在股票期权第一次行权后,股市低迷,公司股价低于行权价,则公司如何进行会计处理?

3. 该股票期权在等待期应如何作会计处理?

【实务处理】

1. 上述股票期权业务的会计处理过程如下:

(1)2011年1月1日,根据我国最新会计准则,公司在授权日不作会计处理。

(2)费用的确认,即发生的补偿费用应在行权期5年内确认。由于在授权日形成的长期待摊费用为10万元[100 000×(6—5)],在行权期限的等待期2年内,每年可确认5万元,会计分录为:

借:管理费用——期权补偿费用　　50 000
　　贷:资本公积——其他资本公积　　50 000

(第2年作同样会计分录确认)

(3)如果公司管理层在2013年1月1日(授权日的2年后),执行了全部股票的50%,即按照每股5元的价格购买了5万股普通股(假定当时的市价为每股7元)。

会计分录为:

借:银行存款(5×50 000)　　250 000
　　资本公积——其他资本公积(100 000×50%)　　50 000
　　贷:股本——普通股(1×50 000)　　50 000
　　　　资本公积——股票溢价　　250 000

(4)如果公司管理层在以后的年份,又执行了全部股票期权的50%,即按照每股5元价格购买了5万股普通股(假定当时的市场价格为每股8元)。

会计分录为:

借:银行存款(5×50 000) 250 000

资本公积——其他资本公积(100 000×50%) 50 000

贷:股本——普通股(1×50 000) 50 000

资本公积——股票溢价 250 000

2. 如果公司管理层因股票市价过低(比如市场价格为每股 3 元,低于行权价格)而未能在以后的期限年份执行其他部分的股票期权,根据最新会计准则,只要市场条件满足(如服务期限、利润增长等),则公司不需作任何会计处理。

3. 股票期权在等待期的会计处理:公司在等待期的每一个资产负债表日,以对可行权股票期权数量的最佳估算为基础,按照股票期权在授权日的公允价值,将当期取得的服务计入相关资产成本或当期费用,同时计入“资本公积——其他资本公积”。

三、思考训练

1.1 通过上述“中航油事件”案例,请思考以下问题:

(1)何为套期保值?套期保值的原理是什么?

(2)期权交易的实质是什么?与作为公司股权激励机制的股票期权有何异同?

(3)你对加强金融衍生品交易风险管理有何建议?

1.2 股票期权业务会计实务:

【资料】

东方集团为一家国内上市公司,2018 年 2 月经董事会讨论通过签订了一项股票期权合同。本激励计划拟向激励对象授予不超过 6 000 万份股票期权,涉及的标的股票种类为人民币 A 股普通股,约占本激励计划发布时公司股本总额 371 457.61 万股的 1.62%。在满足行权条件的情况下,每份股票期权拥有在该期权有效期内以行权价格购买 1 股公司股票的权利。本激励计划授予的股票行权价格为 4.61 元/股,授权日的股票价格为每股 4.91 元,本激励计划等待期为 12 个月,股票期权自授予日起满 12 个月后,激励对象应在未来 36 个月内行权。

在本激励计划公告当日至激励对象完成股票期权行权期间,若公司发生资本公积转增股本、派发股票股利、股份拆细或缩股、配股、派息等事宜,股票期权的行权价格和股票数量将做相应调整。

【要求】

请为该项股票期权业务作相应的会计处理。

第三节 互 换

互换是指两个或两个以上的当事人按照共同商定的条件，在约定的时间内，交换一系列支付款项的金融交易。即：互换双方在国际金融市场上具有各自的比较优势，通过互换交易可使双方发挥各自的优势，从而起到降低利率风险或融资成本的目的。

目前金融市场主要推行的互换有货币互换、利率互换等形式。

一、案例分析——货币互换

案例 1—3　　中阿货币互换

【背景资料】

2015 年 12 月 17 日阿根廷央行与中国央行达成协议，将把约 31 亿美元的人民币外汇储备换成美元，而阿根廷这次抛售的人民币是来自于 2014 年 7 月份与中国签订的货币互换协议，这份协议规模为 700 亿元人民币或 900 亿阿根廷比索，相当于 110 亿美元，协议期限为 3 年，年息 6%—7%。同时，阿根廷政府宣布当日起取消已延续 4 年的外汇管制措施，阿根廷货币比索应声下跌，日内最大跌幅高达 41%。17 日当日 1 美元兑 13.334 0 比索，但仍比 16 日的 1 美元兑 9.799 5 比索贬去了 32.4%(之后两年美元兑比索的汇率分别为：2016 年 12 月 17 日 1 美元兑 15.967 0 比索，2017 年 12 月 17 日 1 美元兑 17.562 5 比索)。

【问题】

1. 阿根廷比索贬值最终受损是中国吗?

2. 此次阿根廷抛售人民币购入美元是做空人民币吗?

【案例分析】

1. 在中阿合并互换协议中，阿根廷央行得到了 700 亿元人民币，同时中国得到了 900 亿阿根廷比索，当一方需要在国际收支中使用对方国家货币时，就可以直接动用这张信用卡，但是使用不是免费的，需要支付利息，中阿货币互换的年息是 6%—7%。在实际应用中，一方如果没有在国际贸易中使用对方货币的需要，那就不会动用互换额度。

在货币互换中，贬值的一方处于劣势地位。假如中国对阿根廷贸易中使用了 900 亿比索，因为人民币币值稳定而阿根廷比索贬值 40%，等货币互换到期时，中国要支付 900 亿比索给阿根廷央行，阿根廷央行还给中国 700 亿元人民币，缺乏比索的中国央行从国家市场只用 420 亿元人民币等值的美元兑换回 900 亿比索还给阿根廷央行，中国央行账户上就最终多出了 280 亿元人民币盈余。同时，比索贬值 40%，中国支付给阿根廷同样的 6%—7%利息几乎可忽略不计。中国在这次货币互换中将净赚 280 亿元人民币，其中还不包括阿根廷使用额度后需要支付的利息。

2. 因为货币互换协议具有双边互助的积极作用，阿根廷政府这么做旨在利用人民币来稳定比索汇率市场。在南美洲国家汇市上的主要国际货币是美元，要想稳定汇市就必须拥有大量美元，而阿根廷在之前选择了债务违约。因国家信用评级极低，阿根廷想从西方国家取得美元流动性几乎不可能，只能求助于中阿货币互换协议，用人民币从国际市场兑换回美元，从而稳定本国汇市，阿根廷财政部长在 2015 年 12 月 18 日透露，新的官方汇率有望与“黑市汇率”持平。彼时，美元与比索的官方汇率为 1∶9.9，而“黑市汇率”则为 1∶14.5。

案例 1—4　套期保值的准确选择

【背景资料】

H 公司为国内生产家电的 A 股上市公司，近年公司面临原材料市场价格普遍上涨的风险，给企业生产经营造成不利的局面。为了促进企业可持续发展，公司需要采取一定策略锁定原材料采购价格，以控制市场风险。为此，H 公司经董事会批准决定开展套期保值业务，总经理专门召集有关管理部门人员召开有关落实套期保值业务会议，会上财务总监李强发言要点如下：

第一，在套期保值业务中，企业所要关注的风险主要包括价格波动风险、汇率风险、利率风险和经营亏损风险，针对这些风险应选择恰当的套期工具开展套期保值业务。

第二，H 公司生产中需要采购大量的铜、铝等原材料，目前市场价格呈现上涨趋势，为了规避价格波动风险，应该进行套期保值，而且买入的数量一般应高于原材料采购量的 50%，才能确保实现套期保值的目的。

第三，H 公司生产的白色家电有近一半出口到美国，出口合同均采用美元结算，目前美元兑换人民币在1∶6.2左右,但人民币一直处于升值通道。为了防范汇率风险,有必要买入美元进行套期保值,也可选择货币互换(美元—人民币)方式进行套期保值,以规避汇率市场变动风险。

第四,建议由总经理牵头成立套期保值领导小组,对公司套期保值业务进行具体指导。

【问题】

在上述案例中,假如不考虑其他因素,财务总监李强的发言是否正确?如有不当之处请指正,并说明理由。

【案例分析】

H公司在原材料市场价格上涨及汇率波动情况下,选择衍生工具进行套期保值以锁定成本与盈利的总体思路是正确的,但财务总监李强的发言却有几处不当:

第一,他谈到在套期保值业务中,企业所要关注的诸多风险中包括了经营亏损风险是不对的,理由是:被套期风险不应包括经营亏损风险,也无法选择恰当的套期工具对此开展套期保值业务。

第二,他谈到原材料套期保值数量一般应高于其采购量的50%,才能确保实现套期保值的目的是不准确的,理由是:套期保值中应坚持数量相等或相近原则,才能使一个市场上的盈利与另一市场上的亏损相等或接近。

第三,他谈到为防范持有美元资产的汇率风险,有必要采用买入美元套期保值不正确,理由是:由于人民币处于升值通道,只有卖出美元套期保值才能规避美元资产价格下降风险,即:人民币处于升值,随时间推移同样10美元兑换成人民币变少,现在买入美元套期保值,以后卖出的话,相当于人民币变少,现在应该选择卖出美元进行套期保值才是上策,当然,选择用美元与人民币的互换方式进行套期保值也不失为一种有效的规避汇率市场风险的手段。

二、实务处理——金融互换

【例1—5】 货币互换

【资料】

国内某上市A公司于2010年1月1日筹措到一笔价值为50万美元(340万人民币)的资金,期限为1年,固定利率为6%,年末一次性还本付息,该笔资金用于某项目的购建,该项目投产后带来的收入是人民币,A公司为防止美元汇率变动而增加一年后的还债成本,通过银行协助找到B公司有一笔人民币债务340万元。期限为1年,固定利率为6% ,年末一次性还本付息。B公司的未来收入为美元。

A公司与B公司之间签订了货币互换协议,并于签约日向中介银行支付手续费10 000元,设签约时美元对人民币的汇率为1∶6.8,年末汇率为1∶6.9。在年末,A公司与B公司实际交换了本金与利息,并及时偿付了美元借款。

【要求】

1. 为A公司的货币互换业务作相关的会计处理。

2. 假如从B公司角度看,其会计处理主要差别是什么?

【实务处理】

1. A公司的该货币互换业务会计处理如下:

(1)发生借款:

借:银行存款——美元　3 400 000

　贷:短期借款——美元　3 400 0000

(2)在互换交易日记录互换金额(本金),并交纳手续费:

①借:应收互换款——美元(1∶6.8)(＄500 000×6.8)　3 400 000

　贷:应付互换款　3 400 000

②借:财务费用——手续费　10 000

　贷:银行存款　10 000

(3)在交易日记录全年应交换利息:

①借:财务费用(3 400 000×6%)　204 000

　贷:应付互换利息　204 000

②借:应收互换利息——美元(＄30 000×6.8)　204 000

　贷:长期借款——美元　204 000

(4)在年末记录由于汇率变动形成的互换损益。

借:应收互换款——美元(＄500 000×0.1)　50 000

应收互换利息——美元（＄30 000×0.1） 3 000

贷：财务费用——互换损益［(6.9－6.8)×530 000］ 53 000

(5)在年末记录实际收到的互换本金与利息，实际支付的互换本金与利息。

①收到的互换本金与利息：

借：银行存款——美元(1∶6.9)（＄530 000×6.9） 3 657 000

贷：应收互换款——美元（＄500 000×6.9） 3 450 000

应收互换利息——美元（＄30 000×6.9） 207 000

②支付互换本金与利息：

借：应付互换款 3 400 000

应付互换利息 204 000

贷：银行存款 3 604 000

(6)归还美元借款：

借：短期借款——美元 3 400 000

贷：银行存款——美元 3 400 0000

2. 假如从B公司角度看，其会计处理的主要差别为：

(1)B公司记账本位币为人民币，换入换出的货币币种也不同；

(2)由于外汇汇率变动有利于A公司，故B公司在年末互换结束会蒙受相应的互换损失。

【例1－6】 利率互换

【资料】

假设有两家公司：A公司和B公司，且A、B公司之间相互了解，无违约风险，但在银行的资信记录上，A公司优于B公司。因此，银行提供给这两家公司的贷款条件并不一样。银行提供给两家公司的贷款条件如表1－1所示：

表1－1 **两家公司的贷款条件**

项　目	固定利率	浮动利率
A公司	10.00％	6个月的LIBOR＋0.300％
B公司	11.20％	6个月的LIBOR＋1.00％
借款成本差额	1.20％	0.70％

假如A、B公司都想借入期限为5年的1 000万美元的款项。B公司想以固定利率借款，而A公司想以浮动利率借款。A、B公司双方选择了利率互换，即：

(1)A公司以每年10%的固定利率借入期限为5年的1 000万美元资金，B公司以每年"6个月的LIBOR＋1.00%"的浮动利率借入期限为5年的1 000万美元资金。

(2)A公司以每年"6个月的LIBOR＋1.00%"的浮动利率向B公司支付利息，B公司每年以9.95%的固定利率向A公司支付利息。

【要求】

1. A、B公司利率互换的利息支付流量图是如何的？

2. 计算A、B两公司从利率互换中各自的收益率为多少？

【实务处理】

1. 从A、B两家公司利率比较看，A公司较有优势，所付的利率无论是固定利率还是浮动利率水平都低于B公司。但从相对量上看，A、B公司的差距不同，固定利率差距是1.2%，浮动利率差距是0.7%，可见，A公司借入固定利率有优势，而B公司借入浮动利率有优势，所以，通过互换可降低融资成本。

利率互换后的利息支付流量图如图1—1所示：

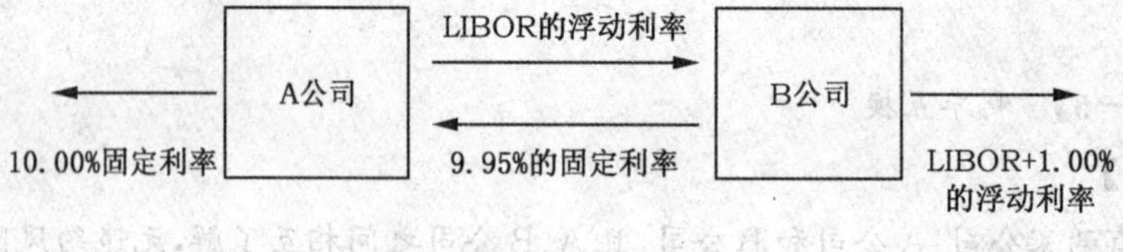

图1—1　利息支付流量图

2. 双方总筹资成本减少：

(11.2%＋6个月LIBOR＋0.30%)－(10.00%＋6个月LIBOR＋1.00%)＝0.5%。

若双方各分享50%，即双方筹资成本均降低0.25%×1 000万＝2.5万美元。各自收益率为：0.25%。

三、思考训练

1.3　通过上述典型互换交易业务，请思考以下问题：

(1)互换交易的主要功能是什么？如何设置互换交易方案？

(2)你了解目前我国金融市场有哪些互换形式？请举例说明。

1.4　根据【例1－5】利率互换资料，假如A、B两公司进行利率互换，中介机构获得0.1%的收益，请你设计一个互换交易方案，使甲、乙两公司平分其余利差。

第二章　物价变动会计

物价变动会计作为财务会计的一个新的分支，旨在克服通货膨胀下会计报表中存在的缺陷，故被称之为通货膨胀会计。具体是指在通货膨胀情况下，根据一般物价指数或现时成本数据，将传统历史成本会计报表加以调整，借以消除物价上涨因素对传统会计报表的影响，从而能够更真实地反映企业财务状况和经营成果的一种会计程序的方法。事实上，物价变动会计并不仅仅是反映物价上涨对会计数据的影响，也可反映物价下降对会计数据的影响。因此，会计学术界运用了物价变动会计这一名称。

物价变动会计主要有两大分类：一般物价水平调整会计（即按一般物价指数调整会计报表）；现行成本会计（重置成本会计，即按个别商品的现行成本调整会计报表）。

第一节　一般物价水平调整会计

一般物价水平调整会计（General Price Level Adjusted，简称 GPLA 会计），即历史成本/不变币值会计模式，是以传统历史成本会计编制的会计报表为基础，采用币值（购买力）相等的货币单位（即通过一般物价指数将按各年度不同币值货币编制的历史成本会计数据），统一地调整为按本期期末或本期平均币值货币的会计数据，并把它作为传统会计报表的“补充报表”，借以反映和消除一般物价变动对传统历史成本会计报表的影响。

一般物价水平调整会计的基本思路是：采用物价统计部门公布的一般物价指数，将传统会计模式下编制的财务报表中的各项数据的计量单位由名义货币调整为固定购买力货币。

一、案例分析

案例 2—1　　中石化财务报表重述

【背景资料】

中国石油化工股份有限公司(简称“中石化”)是一家上中下游一体化、石油石化主业突出、拥有比较完备销售网络、境内外上市的股份制企业。中石化是由中国石油化工集团公司依据《中华人民共和国公司法》,以独家发起方式于 2000 年 2 月 25 日设立的股份制企业。2017 年 7 月 31 日,《财富》中国 500 强排行榜发布,中国石油化工股份有限公司排名第一。

下面以中石化为例,通过将其 2016 年年度财务报表按物价变动会计模式中的一般物价水平模式进行重述,并前后对比,以此来说明物价变动所能反映的财务问题和应用物价变动会计的优势与必要性。

表 2—1　　**中国石油化工股份有限公司**

资产负债表

(经物价指数调整)

2016 年 12 月 31 日　　单位:人民币百万元

项　目	原始成本	调整因素	原始成本/(稳值货币)
资产			
流动资产:			
货币资金	11 882		11 882
应收票据	11 093		11 093
应收账款	16 660		16 660
其他应收款	27 433		27 433
预付款项	6 394	1.02	6 510
存货	103 170	1.02	105 462
其他流动资产	507		507
流动资产合计	177 139		179 547
非流动资产:			

续表

项　目	原始成本	调整因素	原始成本/(稳值货币)
长期股权投资	111 354	1.18	131 292
固定资产	436 870	1.00	438 029
在建工程	76 830	1.00	76 520
无形资产	20 080	1.05	21 009
长期待摊费用	6 058	1.01	6 109
递延所得税资产	173	1.23	212
非流动资产合计	663 197		685 003
资产总额	840 336		864 550
负债和股东权益			
流动负债	257 902		257 902
长期借款	58 377		58 377
应付债券	115 180		115 180
预计负债	14 462		14 462
递延所得税负债	1 045		1 045
其他非流动负债合计	197 015		197 015
负债合计	454 917		454 917
股东权益			
股本	86 702	1.04	90 158
资本公积	37 922	1.21	45 978
专项储备	1 025	1.03	1 056
盈余公积	141 711	1.17	165 762
未分配利润	118 059	0.90	106 529
股东权益合计	385 419		409 483
负债和股东权益合计	840 336		840 336

表2—2 利润表

2016年12月31日 单位:人民币百万元

项　目	原始成本	调整因素	原始成本/(稳值货币)
营业收入	1 188 495	1.01	1 203 451
营业成本	900 404	1.02	915 366
营业税金及附加	124 586	1.01	126 154
销售费用	29 291	0.91	26 622
管理费用	48 336	1.01	48 944
财务费用	6 096	1.01	6 173
勘探费用	10 955	1.01	11 093
资产减值损失	14 410		14 410
公允价值变动损益	222		222
投资收益	23 073	1.01	23 363
营业利润	80 268		77 830
营业外收入	1 803	1.02	1 833
营业外支出	1 016	1.02	1 033
利润总额	81 055		78 630
所得税费用	14 257	1.01	14 436
净利润	66 798		
货币性项目购买力损益前利润			64 194
货币性项目购买力损益			11 271
期末未分配利润			88 028
宣告的股利分配	18 200	1.02	18 501
期末未分配利润			106 529

表2—3 货币性项目购买力损益表 单位:人民币百万元

项　目	原始成本	调整因素	原始成本/(稳值货币)
1. 期初货币性净资产	316 137	1.03	324 514
2. 本期货币性净资产增加			

续表

项　目	原始成本	调整因素	原始成本/(稳值货币)
营业收入	1 188 495	1.01	1 203 451
营业外收入	1 803	1.02	1 833
3. 本期货币性净资产减少			
营业成本	900 404	1.02	915 366
营业税金及附加	124 586	1.01	126 154
销售费用	29 291	0.91	26 622
管理费用	48 336	1.01	48 944
财务费用	6 096	1.01	6 173
勘探费用	10 955	1.01	11 093
营业外支出	1 016	1.02	1 033
所得税费用	14 257	1.01	14 436
4. 期末货币性净资产			
原始成本	257 780		
原始成本/(稳值货币)			269 051
货币性项目购买力损益			11 271

【问题】

1. 比较重述前后的2016年中石化财务报表,分析其实际财务状况。

2. 从中石化案例中体现了物价变动会计的哪些优势?

【案例分析】

1. 比较重述前后的2016年中石化财务报表,分析其实际财务状况:

(1)比较资产负债表,可以看出:在通货膨胀背景下,按照物价变动会计计量的资产价值总额为864 550百万元,明显高于按照历史成本计量的资产价值840 336百万元,传统的原始会计方法下资产被低估24 214百万元。然而,未分配利润比较重述前却有所减少(106 529百万元<118 059百万元),这也正说明了在物价持续上涨时期,以原始成本计量模式的企业利润被大大高估了。

(2)比较利润表,可以看到:在通货膨胀背景下,企业的真实收入、成本费用及利润情况，表中计算的货币性项目购买力收益 11 271 百万元，表示资产负债表及利润表项目因通货膨胀的物价上涨而发生的利得，而这部分利得在传统会计模式下的历史成本计量方法下却被淹盖了。

2. 中石化案例体现了物价变动会计的以下优势：

在通货膨胀时期采用物价变动会计模式，有利于如实地反映企业真正的经营状况和财务成果；有助于会计信息使用者了解企业真实的资产价值，理解企业业绩是如何取得的；可避免企业在通胀下低估成本、虚增利润而使利润表所反映的经营成果及盈利能力失真，以体现物价变动会计的优势。

二、实务处理——一般物价水平调整会计

【例 2—1】

【资料】

四达公司创立于 2005 年，公司成立发行股票时的物价指数为 87，作为公司主要固定资产的厂房设备购置时的物价指数为 88，用直线法折旧。2006 年年初 1 月 1 日，公司开始了第二年的经营活动，存货计价采用先进先出法，期初存货是在 2005 年第 4 季度购入，到了第 4 季度平均物价指数 98，年末存货是购于第四季度。四达公司在当年 12 月份宣布股利 24 100 元。

表 2—4　　近年一般物价指数变化

年月	2005 年 12 月	2006 年 12 月	2006 年 6 月	2006 年 4 季度
物价指数	100	120	116	118

四达公司 2006 年 12 月 31 日的利润表及分配表如下：

表 2—5　　利润表及利润分配表(简表)

2006 年 12 月 31 日　　单位：元

销售收入	328 000
销售成本(先进先出法)	
年初存货	49 000
本年购入	236 000

续表

年末存货	45 000
	240 000
销售毛利	88 000
营业费用（除折旧费）	40 000
折旧费用	8 000
	40 000
利润总额	40 000
所得税(30%)	12 000
净利润	28 000
年初留存收益	25 100
现金股利	24 100
年末留存收益	29 000

四达公司 2006 年 12 月 31 日的资产负债表如下：

表 2—6　资产负债表

2006 年 12 月 31 日　单位:元

货币资金	57 000	流动负债(货币性)	84 000
应收账款	55 000	长期负债(货币性)	30 000
存货	45 000	股本	150 000
固定资产	136 000	留存收益	29 000
资产合计	293 000	负债及股东权益合计	293 000

【要求】

按一般物价水平调整会计方法编制四达公司 2006 年的财务报表。

【实务处理】

步骤一：调整利润表：

表 2—7 调整后利润表

2006 年 1 月 1 日—2006 年 12 月 31 日 单位:元

项　目	货币单位金额	调整因素	一般物价水平调整(稳值货币)金额
销售收入	328 000	120/116	339 310
年初存货	49 000	120/98	60 000
＋本年进货	236 000	120/116	244 138
－年末存货	45 000	120/118	45 763
减:销货成本	(240 000)		(258 375)
营业费用	(40 000)	120/116	(41 379)
折旧费用	(8 000)	120/88	(10 909)
所得税	(12 000)	120/116	(12 414)
本期净利润	28 000		16 233

步骤二:计算购买力损益:

根据调整前的利润表与资产负债表资料计算购买力损益。

表 2—8 调整前负债表(比较资产负债表)

2006 年 12 月 31 日 单位:元

项　目	期末数	调整因素	GPLA 金额
货币性资产			
货币资金	57 000		
应收账款	55 000		
	112 000		
货币性负债			
流动负债	84 000		
长期负债	30 000		
负债总额	114 000		
货币性负债净额	2 000	120/ 116	2 069
			−2 000
购买力收益			69

步骤三：调整利润表及利润分配表：

表 2—9 调整后利润表

2006 年 1 月 1 日—2006 年 12 月 31 日 单位：元

项　目	货币单位金额	调整因素	一般物价水平调整（稳值货币）金额
销售收入	328 000	120/116	339 310
减：销货成本	(240 000)		(258 375)
毛利			80 935
营业费用	(40 000)	120/116	(41 379)
折旧费用	(8 000)	120/88	(10 909)
利润总额			28 647
所得税	(12 000)	120/116	(12 414)
净利润	28 000		16 233
加：购买力收益			69
GPLA 净利润			16 302
加：年初留存利润	25 100	120/100	30 120
减：现金股利			(24 100)
年末留存利润			22 322

步骤四：调整资产负债表

表 2—10 调整后资产负债表

2006 年 12 月 31 日 单位：元

项　目	名义货币单位	调整因素	调整后余额（稳值货币）
资产			
货币资金	57 000	货币性项目	57 000
应收账款	55 000		55 000
存货	45 000	120/118	45 763
固定资产：	136 000	120/88	185 455
资产总额	293 000		343 218

续表

项　目	名义货币单位	调整因素	调整后余额（稳值货币）
权益			
流动负债	84 000	货币性项目	84 000
长期负债	30 000		30 000
股本	150 000	120/87	206 896
留存收益	—		**22 322**
权益总额	293 000		343 218

三、思考训练

2.1　物价变化影响企业盈亏？（上）

【资料】

华阳公司于2016年1月1日开业，该公司按原始成本会计模式（历史成本/名义货币单位）编制的2016年财务报表如表2—11、表2—12所示：

表2—11　资产负债表

2016年12月31日　单位：元

	年初数	年末数		年初数	年末数
货币资金	50 000	180 000	应付账款	20 000	200 000
应收账款	150 000	220 000	长期借款	280 000	280 000
存货	400 000	500 000	股本（普通股）	900 000	900 000
固定资产（净值）	600 000	600 000	留存收益	0	60 000
资产合计	1 200 000	1 440 000	负债及股东权益合计	1 200 000	1 440 000

表2—12　利润表及利润分配表

2016年12月31日　单位：元

项　目	金　额
营业收入	1 000 000
营业成本（先进先出法）	

续表

项　目	金　额
年初存货	400 000
本年购入	700 000
年末存货	500 000
	600 000
销售毛利	400 000
管理费用（除折旧费）	200 000
折旧费用	60 000
利润总额	140 000
所得税	40 000
净利润	100 000
年初留存收益	0
现金股利	40 000
年末留存收益	60 000

其他补充资料如下：

(1)物价指数：

表 2—13　**2016 年后一般物价指数**

年月	2016 年 1 月（开业）	2016 年（平均）	2016 年第 4 季度	2016 年 12 月
物价指数	100	160	180	200

(2)存货按先进先出法计价，年初存货基本上购于开业时，年末存货基本上陆续购于第四季度，其平均物价指数为 180。

(3)固定资产均于开业时购置，其平均使用年限为 10 年，直线法计提折旧，不计残值。

(4)普通股均于 2016 年 1 月 1 日公司开业时发行。

(5)销售收入、进货成本、管理费用(折旧费除外)和所得税是在年内均匀发生的。

(6)现金股利的分派在 2016 年 12 月 31 日。

【要求】

1. 根据华阳公司 2016 年财务报表及相关资料,计算该公司购买力损益,并编制一般物价水平调整会计报表。

2. 比较该公司财务报表调整前后的盈亏变化情况,为什么?

3. 分析一般物价水平调整会计的利弊。

2.2　圆通速递财务状况比较分析

【资料】

圆通速递(600233)股份有限公司成立于 2000 年 5 月 28 日,公司主要股东为上海圆通蛟龙投资发展有限公司。经过十几年的发展,圆通已经成为一家集速递、航空、电子等业务为一体的大型企业集团。

下面是圆通公司 2015 年和 2016 年的部分资产负债表数据:

表 2—14　**2015 年、2016 年部分资产负债表数据**　单位:万元

项　目	2015 年	2016 年
流动资产合计	115 521.43	657 253.39
资产合计	152 269.82	1 116 786.34
流动负债	21 170.67	292 054.18
长期负债	108.91	4 196.98
负债合计	21 279.59	296 251.17
所有者权益合计	130 990.23	821 535.17

圆通公司 2016 年物价水平调整前的利润表主要数据如下:

表 2—15　**利润表主要数据**

2016 年 12 月 31 日　单位:万元

项　目	金　额
营业收入	1 681 782.56
减:营业成本(先进先出法)	1 453 773.34
折旧费用	368.62
本期净利润	227 640.60

2016 年后一般物价指数如表 2—16 所示：

表 2—16　2016 年后一般物价指数

年月	2015 年 6 月（固定资产购入）	2016 年（平均）	2016 年 12 月
物价指数	130	148	155

【要求】

1. 根据圆通公司 2015 年和 2016 年资产负债表，请对企业的资产、负债结构和企业的长短期偿债能力进行比较分析。

2. 根据该案例中的未调整利润表和一般物价指数进行利润表的调整。

3. 对该公司财务报表调整前后进行比较分析。

第二节　现行成本会计

现行成本是指在当前市场条件下为购置与现有资产相同或相类似的资产，按现时价格所需付出的现金或现金等价物，又称重置成本(Replacement Cost)。现行成本会计则是以资产的现行成本作为计量基础，用以消除物价变动对企业财务状况和经营成果的影响的一种会计程序和方法。

现行成本会计的基本思路是：由于一般物价水平的升降对各企业的影响并不完全一样，对一个具体企业来说，更关心的是其所持有或消耗资产的现行成本。因此，应该将计量属性由历史成本调整为所持资产在报表日的取得成本或重新生产成本。

一、案例分析

案例 2—2　光明乳业盈利增长分析

【背景资料】

光明乳业(600597)是由国资、社会公众资本组成的产权多元化股份制上市公司，从事乳和乳制品的开发、生产和销售，奶牛的饲养、培育、物流配送，营养保健商品开发、生产和销售等业务，是目前国内最大规模的乳制品生产、销售企业之一。近 5 年来，公司销售额保持着稳健的增长速度，2015 年销售业绩达到 194 亿元，2016 年销售业绩突破双百亿，达到202亿元,为公司未来的销售战略规划打下了坚实的基础。

2015年光明乳业受托管理以色列第一食品集团特鲁瓦,双方开展多方面协同,光明乳业国际化进程迈出了一大步。

下面是光明乳业2015年、2016年两年的利润表水平分析:

表2—17　　利润表水平分析

编制单位:光明乳业(600597)　　单位:万元

项　目	2015年 12月31日	2016年 12月31日	变动金额	变动幅度 (%)
一、营业总收入	1 937 319.30	2 020 675.09	83 355.79	4.30
营业收入	1 937 319.30	2 020 675.09	83 355.79	4.30
二、营业总成本	1 871 364.70	1 924 415.98	53 051.28	2.83
营业成本	1 237 823.16	1 239 067.30	1 244.14	0.10
营业税金及附加	9 572.51	11 868.81	2 296.3	23.99
销售费用	539 169.71	561 924.5	22 754.79	4.22
管理费用	68 252.17	77 168.58	8 916.41	13.06
财务费用	13 963.46	29 011.80	15 048.34	107.77
资产减值损失	2 583.68	5 374.99	2 791.31	108.04
公允价值变动收益	947.39	1 279.06	331.67	35.01
投资收益	—31.41	13.15	44.56	41.87
其中:联营企业和合营企业的投资收益	—31.41	13.15	44.56	41.87
汇兑收益				
三、营业利润	66 870.59	97 551.32	30 680.73	45.88
加:营业外收入	8 651.88	14 452.14	5 800.26	67.04
减:营业外支出	5 031.58	10 305.38	5 273.8	104.81
其中:非流动资产处置损失	4 114.76	9 075.73	4 960.97	120.57
四、利润总额	79 490.89	101 698.08	31 207.19	44.27
减:所得税费用	20 880.92	34 171.93	13 291.01	63.65
五、净利润	49 609.97	67 526.15	17 916.18	36.11
六、每股收益				
(一)基本每股收益(元/股)	0.340 0	0.460 0	0.12	35.29
(二)稀释每股收益(元/股)	0.340 0	0.460 0	0.12	35.29
七、其他综合收益	—8 333.46	9 587.58	17 921.04	

【问题】

1. 根据光明乳业 2015 年与 2016 年的利润表水平分析数据，从一般意义上评价该公司的盈利增长状况。

2. 在通货膨胀背景下，为了更真实地反映光明乳业的经营成果及财务状况，假如需要将该公司两年对比的财务报表按现行成本会计方法进行调整，应该注意哪些关键点？

【案例分析】

1. 通过对光明乳业 2015 年、2016 年两年的利润增长比较分析可见，该公司 2016 年实现净利润 67 526.15 万元，比上年增长了 36.11%，增长幅度较大，说明公司总体盈利情况有了大幅提升。

从水平分析表具体项目来看，公司净利润增长主要是利润总额比上年增长 31 307.19 万元所引起的，还有一个关键原因是营业利润的增长，公司营业利润增长 30 680.73 万元，增长率为 45.88%；主要由于当年投资收益与公允价值变动收益增长幅度较大，分别为：41.87%和 35.01%，虽然公司的营业收入比上年增加 83 355.79 万元，增长幅度有限，仅 4.3%，但营业收入增长表明了消费者对乳制品的信心在逐步恢复，国内需求量在逐年上升。

另外，该公司的营业成本虽然有所增加，但增幅较小，说明公司的成本控制较好。同时，营业外收支也有所增加，其中营业外支出增加幅度达 104.81%，但因金额较小，对利润影响不大，所以总体来说，该公司利润总额仍有较大幅度的增长。

2. 在通货膨胀背景下，为了更真实地反映光明乳业的经营成果及财务状况，应该采用物价变动会计模式，假如需要将公司两年对比的财务报表按现行成本会计方法进行调整，应注意几个关键点：

其一，首要前提是需要把财务报表项目划分为货币性项目与非货币性项目，因为物价变动对货币性项目与非货币性项目的影响是不同的。

其二，需要计算非货币性项目的持有损益，包括已实现和未实现的资产持有损益，资产持有损益列示在两种不同的资本保全观念下是不同的，在财务资本保全下，资产持有损益单独设项，列入利润表；在实物资本保全下，企业损益仅指经营损益，不包括资产的持有损益，故资产持有损益在资产负债表权益项目下反映。

其三，在原始成本财务报表基础上编制现行成本会计财务报表时，资产负债表：非货币性项目采用现行成本，其他不变；利润及利润分配表：除销售成本与折旧采用重置成本外，其他不变。

二、实务处理——现行成本会计

【例 2－2】

【资料】

惠康公司 2006 年按原始成本编制的会计报表如下，假如当年的物价指数分别为年初 100，年末 132，全年平均为 120。

表 2－18　资产负债表(原始成本会计)

2006 年 12 月 31 日　单位：元

项　目	年初数额	年末数额	项　目	年初数额	年末数额
货币资金	1 350	1 500	流动负债(货币性)	13 500	12 000
存　货	13 800	19 500	长期负债(货币性)	30 000	24 000
固定资产	54 000	54 000	股本	15 000	15 000
减：累计折旧	—	10 800	盈余公积	7 500	9 000
固定资产净值	54 000	43 200	未分配利润	3 150	4 200
资产合计	69 150	64 200	负债及股东权益合	69 150	64 200

表 2－19　利润表及利润分配表(原始成本会计)

2006 年 12 月 31 日　单位：元

项　目	金　额
营业收入(按每件商品 15 元)	75 000
减：营业成本(先进先出法)	44 610
折旧费用	10 800
营业费用	6 750
利润总额	12 840
减：所得税	3 750
净利润	9 090
加：前期未分配利润	3 150
可供分配利润	12 240

续表

项　目	金　额
减：提取盈余公积	1 500
应付利润	6 540
未分配利润	4 200

该公司未进行调整前的会计报表如上，其他补充资料为：

(1)年初固定资产系全新购入，购入时的物价指数为100，年末时该类固定资产的分类物价指数为125，该设备预计使用5年。

(2)期初存货系按期初的现行成本编制，期末存货的现行成本为每件12元，现行总成本为24 000元。

(3)销售成本按现行成本计价，年应计的销售成本为60 000元。

(4)在本期利润表中，除营业成本和折旧费用之外，其他项目以历史成本为基础的金额与以现行成本为基础所计算的金额相同。

【要求】

按现行成本法对上述公司的报表项目进行相关调整，并编制出调整后的现行成本会计报表。

【实务处理】

1. 持有损益计算：

营业成本 60 000－44 610＝15 390

借：营业成本　15 390

　贷：已实现持有损益　15 390

存货持有损益：24 000－19 500＝4 500

借：存货　4 500

　贷：未实现持有损益　4 500

折旧费用：13 500－10 800＝2 700

借：折旧费用　2 700

　贷：累计折旧　2 700

借:未实现持有损益　　2 700

　　贷:已实现持有损益　　2 700

固定资产持有损益:67 500－54 000＝13 500

借:固定资产　　13 500

　　贷:未实现持有损益　　13 500

汇总:

本期已实现持有损益＝2 700＋15 390＝18 090

本期未实现持有损益＝4 500＋13 500－2 700＝15 300

2. 调整利润表:

表 2－20　　调整后利润表

2006 年 1 月 1 日－2006 年 12 月 31 日　　单位:元

项　目	金　额	调整后金额
营业收入	75 000	75 000
减:营业成本	(44 610)	(60 000)
毛利	30 390	15 000
营业费用	(6 750)	(6 750)
折旧费用	(10 800)	(13 500)
利润总额	12 840	(5 250)
所得税	(3 750)	(3 750)
净利润	9 090	(9 000)
加:前期未分配利润	3 150	3 150
可供分配利润	12 240	(5 850)
减:提取公积金	1 500	1 500
应付利润	6 540	6 540
不包括持有损益的利润		(13 890)
加:持有损益(已实现)		18 090
持有损益(未实现)		15 300
未分配利润	4 200	19 500

3. 调整资产负债表：

表 2—21 调整后资产负债表

2006 年 12 月 31 日 单位：元

项　目	年初数	年末数	调整后年末数
资产			
货币资金	1 350	1 350	1 350
存货	13 800	19 500	24 000
固定资产：	54 000	54 000	67 500　(54 000×125/100)
减：累计折旧		10 800	13 500　(67 500/5)
固定资产净值	54 000	43 200	54 000
资产总额	69 150	64 200	79 500
权益			
流动负债	13 500	12 000	12 000
长期负债	30 000	24 000	24 000
实收资本	15 000	15 000	15 000
盈余公积	75 000	9 000	9 000
未分配利润	3 150	4 200	**19 500**
权益总额	69 150	64 200	79 500

三、思考训练

2.3　物价变化影响企业盈亏？（下）

【资料】

华阳公司于 2016 年 1 月 1 日开业，该公司按原始成本会计模式（历史成本/名义货币单位）编制的 2016 年财务报表如表 2—22、表 2—23 所示：

表 2—22 资产负债表

2016 年 12 月 31 日 单位：元

	年初数	年末数		年初数	年末数
货币资金	50 000	180 000	应付账款	20 000	200 000

续表

	年初数	年末数		年初数	年末数
应收账款	150 000	220 000	长期借款	280 000	280 000
存货	400 000	500 000	股本(普通股)	900 000	900 000
固定资产(净值)	600 000	600 000	留存收益	0	60 000
资产合计	1 200 000	1 440 000	负债及股东权益合计	1 200 000	1 440 000

表 2—23 **利润表及利润分配表**

2016 年 12 月 31 日

单位:元

项　目	金　额
营业收入	1 000 000
营业成本(先进先出法)	
年初存货	400 000
本年购入	700 000
年末存货	500 000
	600 000
销售毛利	400 000
管理费用(除折旧费)	200 000
折旧费用	60 000
利润总额	140 000
所得税	40 000
净利润	100 000
年初留存收益	0
现金股利	40 000
年末留存收益	60 000

其他补充资料假设如下:

(1)存货和固定资产在 2016 年 1 月 1 日的现行成本与历史成本相同。

(2)存货在 2016 年 12 月 31 日的现行成本为 600 000 元。

(3)固定资产在 2016 年 12 月 31 日的现行成本为 860 000 元,净值的现行成本为

786 000 元，折旧费按照各年的平均现行成本提取。

(4)已销售存货成本在年内均匀发生，以现行成本为基础是 700 000 元。

(5)销售收入、管理费用(除折旧费外)、所得税、现金股利都是按发生日的现行成本表述的，即按现行成本为基础的金额与按历史成本为基础的金额是相同的。

【要求】

1. 根据华阳公司 2016 年财务报表及相关资料，计算该公司持有损益，调整并编制现行成本会计报表。

2. 比较该公司财务报表调整前后的盈亏变化情况，为什么？

3. 评价现行成本会计的优缺点。

第三章　企业清算会计

在市场经济环境下，企业在持续经营过程中会由于各种原因终止经营，导致企业暂时或永久性解体，包括自然解体、破产解体及破产重组等。当企业发生这类解体情况时，就会进入清算过程，并由此产生一系列的清算会计问题。

清算会计是指对被宣告清算的企业各项清算业务进行反映和监督，向有关债权人、投资者、政府主管部门披露企业的财务状况以及清算过程和结果等会计信息的专门会计。

企业清算会计按其解体原因与清算结果被分类为普通清算会计、破产清算会计及破产重组会计。

第一节　普通清算会计

普通清算是指因经营期满或其他经营方面的原因，导致不宜或不能继续经营而自愿或被迫解散的企业所进行的清算。大部分的普通清算是自然解体与自愿清算的行为，其明显特征为资大于债。因此，普通清算会计处理主要包括债权、债务清算及剩余财产分配等事项。

一、案例分析

案例 3—1　　解体清算

【背景资料】

新达装饰公司是由A、B、C三方合作经营的三人组成的普通合伙企业，各方投资比例分别为40%、30%、30%。近年因装潢行业竞争激励，公司惨淡经营，2018年12月底，从会计人员所完成的资产负债表上已显示了一系列的亏损：

表 3—1　　资产负债表

2018 年 12 月 31 日　　单位:元

资　产		负债及股东权益	
货币资金	20 000	应付票据	200 000
应收票据	70 000	应付账款	80 000
应收账款	330 000	应付款项——B	100 000
		应付职工薪酬	20 000
		长期借款	400 000
固定资产(净值)	550 000	负债合计	800 000
		实收资本	290 000
		留存利润	(120 000)
资产总计	970 000	负债与股东权益	970 000

考虑到合伙企业的净负债率高达 470.6%,经合伙人会议商量,一致同意解散公司,但合伙人 B 提出:合伙企业在偿付完外部债权人应付账款后,必须先偿还 B 的借款 100 000 元,B 实质上一直在承担企业大部分的经营亏损,因此企业欠 B 的借款必须以现金补偿。其他合伙人基本同意 B 的要求,企业进行财产清查盘点变卖、债权债务清理等清算工作。

【问题】

1. 简述企业解体清算的财务特征及相关清算会计基本程序。

2. 在新达公司的解体清算开始前,合伙人 B 提出的要求是否合理?

【案例分析】

1. 由于大部分的解体清算是自然解体与自愿清算的行为,仍适合《公司法》,其财务特征为资大于债,一般清算后有剩余财产分配。

其会计核算程序为:

(1)全面清查财产,编制清查后的财产盘点表和资产负债表。

(2)核算和监督财产物资的处置、债权的回收、债务的偿付以及清算费用的支付和结转。

(3)计算清算损益，编制清算损益表和清算结束日的资产负债表。

(4)归还投资各方资本，分配剩余财产并结平各账户。

2. 从新达公司清算前的资产负债表可见：该公司账面亏损已达120 000元，而合伙人B借款给公司有100 000元，B实质上是承担了企业大部分的经营亏损额，因此，当公司将要中止经营、解散清算时，B提出的要求优先现金清偿公司欠其的债务是合乎情理的，但兑现的前提是公司清算过程中财产变现后是否有足够的现金。

二、实务处理——普通清算

【例3—1】

【资料】

康生医药用品有限责任公司由股东A、B两人共同出资经营，各投资资本比例为60%与40%。在2015年，公司经营期满，投资双方无意继续经营，决定实施自然解体。于2015年12月1日解体清算日止的资产负债表如表3—2所示：

表3—2　资产负债表

2015年12月1日　单位：元

资　产		负债及股东权益	
货币资金	20 000	应付票据	300 000
应收票据	500 000	应付账款	100 000
应收账款	700 000	应交税费	8 000
存货	800 000	应付职工薪酬	5 000
		应付债券	1 200 000
固定资产(净值)	2 003 000		
		实收资本	2 000 000
		资本公积	400 000
		盈余公积	10 000
资产总计	4 023 000	负债与股东权益	4 023 000

清算过程发生以下业务：

1. 应收票据的本息为520 000元，是应付担保票据300 000元的抵押。估计现时公允市价为 520 000 元，已如数收回。

2. 应收账款的收回数为 700 000 元。

3. 库存商品的变现收入为 680 000 元(相关税费略)。

4. 固定资产为房屋及设备，房屋账面价值 1 500 000，是应付全额担保公司债的抵押物，其清理收入合计为 1 950 000 元。其余设备变现收入为 200 000 元。

5. 应付职工薪酬、应交税费等为有优先清偿权的负债。

6. 依次偿付应付账款 100 000 元及应付债券本息共 1 250 000 元。

7. 在清算过程中发生的其他清理费用总额为 30 000 元。

8. 清算期适用的所得税率为 25%。

9. 债权债务清偿后，将剩余的资本金及盈余按投资比例分配给投资人。

【要求】

1. 根据上述解体清算业务，作相应会计分录。

2. 编制变现后的资产负债表。

3. 编制偿债后的资产负债表。

【实务处理】

第一步：全面清查财产，编制清查后的财产盘点表和资产负债表，并作相关会计处理。

1. 如数收回的应收票据 520 000 元，会计分录如下：

借：银行存款　520 000
　贷：应收票据　500 000
　　清算损益　20 000

2. 收回应收账款 700 000 元：

借：银行存款　700 000
　贷：应收账款　700 000

3. 存货 800 000 元，变现 680 000，亏损 120 000 元。会计分录如下：

借：银行存款　680 000
　清算损益　120 000
　贷：库存商品　800 000

4. 固定资产净值 2 003 000 元，清理变现会计分录如下：

借:银行存款　2 150 000

　贷:固定资产　2 003 000

　　清算损益　147 000

5. 优先清偿有关应付款项,编制会计分录如下:

借:应付职工薪酬　5 000

　应交税费　8 000

　贷:银行存款　13 000

6. 偿付其他应付款项:

借:应付账款　100 000

　应付票据　300 000

　应付债券　1 200 000

　清算损益　50 000

　贷:银行存款　1 650 000

7. 支付清算费用:

借:清算费用　30 000

　贷:银行存款　30 000

第二步:根据以上账务处理后的账户余额,编制清算后的资产负债表:

表 3—3　**资产负债表**

2015 年 12 月 1 日　单位:元

资　产		负债及股东权益	
货币资金	2 377 000		
		实收资本	2 000 000
		资本公积	400 000
		盈余公积	10 000
		清算损益	(33 000)
资产总计	2 377 000	负债与股东权益	2 377 000

第三步:归还投资各方资本及分配剩余财产,并结清账户。

A 应分:1 200 000+(400 000+10 000−33 000)×60%=1 426 200(元)

B应分：800 000＋(400 000＋10 000－33 000)×40％＝950 800(元)

根据以上分配结果，以银行存款支付A、B各方时，会计分录如下：

借：实收资本——甲方　　1200 000

　　　　　——乙方　　800 000

　资本公积　　400 000

　盈余公积　　10 000

　贷：银行存款　　2 377 000

　　清算损益　　33 000

至此，康生公司所有账户均已结平，解散清算完成后，企业从此不复存在。

三、思考训练

3.1　解体清算会计实务

【资料】

凤凰公司有甲、乙两个股东，持股比例为70％和30％。2015年7月1日，按照公司章程规定的经营期满，甲、乙双方决定终止经营，即日起办理解散清算，7月31日清算结束，管理人对公司的解散清算过程如下：

1. 全面清查财产，编制财产盘点表和清算开始日的资产负债表如下：

表3—4　　资产负债表

2015年7月31日　　单位：元

资　产		负债及股东权益	
货币资金	2 500 000	短期借款	500 000
应收票据	400 000	应付账款	200 000
其他应收账款	100 000	应交税费	100 000
存货	800 000	应付职工薪酬	200 000
固定资产(净值)	1 500 000	实收资本	4 000 000
无形资产	500 000	资本公积	
		未分配利润	800 000
资产总计	5 800 000	负债与股东权益	5 800 000

2. 资产变现：

(1)收回应收账款 350 000 元,50 000 元确认为坏账,无法收回；

(2)清理收回职工水电费及房租欠款 100 000 元；

(3)处置存货,原材料账面价值 200 000 元,售价 210 000 元,库存商品 600 000 元,售价 450 000 元,处置收入全部存入银行；

(4)变卖所有固定资产,取得收入 180 000 元；

(5)出售专利收入 300 000 元；

3. 偿还各账面债务,其中有 20 000 元应付账款确实无法支付；

4. 支付、结转清算费用：

2015 年 7 月 1 日—31 日共发生各项清算费用 200 000 元,用银行存款支付结清；

5. 计算清算损益,登记入账,并结出清算净损益,转入“利润分配”；

6. 编制清算利润表及清算结束后的资产负债表；

7. 分配剩余财产,结平所有账户。

要求：根据凤凰公司发生的解体清算业务过程,作相关会计处理。

第二节 破产清算会计

破产清算是指企业依法宣告破产后,由清算人对破产企业的财产进行清算、评估、处理及分配的过程,破产清算最明显的特征是资不抵债、司法清算。因此,破产清算会计处理主要包括破产财产的清理、破产债务按优先顺序清偿等事项。破产清算按破产终结形式不同分破产解体与破产重组,相应的会计处理也有所差异。

2016 年 12 月我国财政部发布了《关于印发〈企业破产清算有关会计处理规定〉的通知》,对破产企业的会计处理业务予以新的规范。

一、案例分析

案例 3—2 北方公司破产清算会计工作始末

【背景资料】

北方公司是 C 集团的全资子公司,公司于 1993 年 3 月 2 日批准设立,注册资本人民币 100 万元,属于全民所有制企业。公司经营范围主要包括：自营和代理,国家组织统一经营以及核定经营的出口商品除外,包括商品进出口及技术进出口业务;进料加工业务经营对外贸易、开展“三来一补”业务及转口贸易;承办中外合资经营及合作生产业务;开展与独联体及东欧国家的易货贸易业务;接受委托代理经贸部批准的商品进出口业务;销售金属材料、机电设备、针纺织品、五金交电、粮油、百货;机电设备的技术转让、技术开发;机电设备租赁;经济信息咨询。北方公司在20世纪90年代成立之初,正处于我国鼓励对外贸易的时期,C集团作为国资委直属的专门从事对外贸易业务的企业,在国家贸易政策扶持下,经营发展十分迅猛,公司业绩在外贸行业占据领头羊的位置。因此,北方公司作为其下属的全资子公司,拥有得天独厚的外贸资源,享受特有外贸资质,是集团对外贸易窗口公司,该公司经营效益较好,成为集团公司的标杆企业。然而,随着国家对外贸易大环境的变革,以及北方公司母公司C集团近年来的转型升级,集团公司改变了对北方公司原有的战略规划及目标,致使北方公司在长期的贸易战中未能抓住机遇,客户大量流失,管理层总体战略转型失败,最终造成其经营不善,长期亏损,经营状态逐步下滑。

北方公司破产程序始于2016年下半年,国资委正式下发了《关于中央企业开展压缩管理层级减少法人户数工作的通知》,明确要求各中央企业全面梳理下级子公司,认真贯彻落实国务院关于“国有企业瘦身健体,增强核心竞争力”的工作任务,对于“亏损企业”“僵尸企业”、历史遗留的“三无企业”,要在深入清理的基础上,应根据实际情况将其合并或注销,除非确有保留必要和理由,此外,要积极争取,并充分利用有关政策,有选择地采取破产清算、关闭撤销、兼并重组等诸多方式,切实加快重组整合和市场清退。根据我国《公司法》《破产法》及《民事诉讼法》的有关规定,只要申请或者被申请的破产企业属全民所有制企业或者非全民所有制企业法人,主要包括全民所有制企业(国有为主)、集体企业、私营企业、联营企业、三资企业等,应当被认为其具备了破产清算的主体资格,应予以受理。北方公司由于长期经营不善,多年未开展正常业务,经营收入严重下滑,利润连年亏损,并已出现严重资不抵债的情况,在此背景下,为响应国资委“压减”工作,在其集团公司的统一部署和指导下,北方公司按照我国相关法律法规,于2017年2月正式向人民法院申请破产清算,经审查,人民法院于2017年6月28日正式宣告北方公司破产。表3—5为北方公司在向人民法院提起破产清算前的资产负债情况及所有者权益情况:

表 3—5　**北方公司资产负债表**

2017 年 6 月 27 日　单位:元

资　产	期末金额	负债和所有者权益（或股东权益）	期末金额
流动资产:	—	流动负债:	—
货币资金	200 380.00	短期借款	1 341 000.00
应收票据	—	应付账款	141 526.81
应收账款原值	84 000.00	应付职工薪酬	118 709.00
减:坏账准备	—	应交税费	96 259.85
应收账款净值	84 000.00	其他应付款	18 342.00
其他应收款	17 023.00	流动负债合计	1 715 837.66
存货	—	长期应付款	4 530 000.00
流动资产合计	301 403.00	非流动负债合计	4 530 000.00
固定资产	3 089 687.00	负债合计	6 245 837.66
		所有者权益(或股东权益):	—
		实收资本(或股本)	1 000 000.00
		未分配利润	−3 854 747.66
非流动资产合计	3 089 687.00	所有者权益合计	−2 854 747.66
资产总计	3 391 090.00	负债和所有者权益（或股东权益）总计	3 391 090.00

【问题】

1. 如上所述,阐述北方公司破产清算有关界定的法律依据。

2. 据此，北方公司应该在破产清算过程中作哪些相关会计处理?

【案例分析】

1. 破产清算组,也被称为破产财产管理人或受托人,在我国不同法律下称呼略有不同,《破产法》下被称为清算组,《民事诉讼法》下则被称为清算组织。无论上述哪种称呼,都可以看出，在我国现有的关于企业破产的法律法规中，一个人不被允许成为破产清算者。《破产法》第 24 条第 2 款规定："清算组成员由人民法院从企业上级主管部门、政府财政部门等有关部门和专业人员中指定。清算组可以聘任必要的工作人员。"我国《公司法》第 189 条规定："公司因不能清偿到期债务，被依法宣告破产的，由人民法院依照有关法律的规定，组织股东、有关机关及有关专业人员成立清算组，对公司进行破产清算。"

破产清算下的破产财产，是指依照破产法经由人民法院宣告破产时，为实现所有破产债权人的共同利益需要而组织管理起来用于债务清偿的全部财产。按照《破产法》第 28 条的规定，破产财产应由下列财产构成：企业被宣告破产时所经营管理的全部财产；在企业破产宣告后至破产程序裁定终结前取得的所有财产；应当由破产企业行使的其他财产权利。

破产清偿。根据我国《破产法》第 37 条第 2 款的有关规定，破产财产应当在优先拨付破产费用后，按照以下顺序进行清偿：①破产企业所欠职工工资以及劳动保险费用，目前，还应包括法律、法规规定的应付职工的其他费用。②破产企业所欠的全部税款。③破产债权。如破产剩余财产不足以清偿同一顺序的债务，则应按照比例进行分配。清偿应按优先顺序进行，在上一优先顺序清偿完毕后，才可清偿下一顺序，依次类推。按照我国法律规定，破产企业职工工资以及劳动保险费用被列为第一优先顺序，目的在于重点保护企业职工的利益，体现以人为本的法律内含。

2. 北方公司破产清算过程的相关会计处理及分析：

(1)破产宣告日余额结转及调整

根据北方公司破产宣告日前的科目余额表，需要将其中部分会计科目的余额转入新设置的科目中，并编制破产报表日清算资产负债表。具体账务处理如下：

①北方公司原"其他应付款"科目核算内容为人民法院受理北方公司破产案件费用。根据规定，需将其转入"应付破产费用"科目。

借：其他应付款	18 342	
贷：应付破产费用		18 342

②北方公司原"实收资本""未分配利润"科目的有关余额转入"清算净值"科目。

借：实收资本	1 000 000	
未分配利润	−3 854 747.66	
贷：清算净值		−2 854 747.66

③经专业资产评估公司对破产资产房屋进行评估确定：原价值 3 000 000 元，评估价

值 4 000 000 元；另应付职工薪酬 20 000 元。根据以上结果，调整清算净值如下：

借：固定资产　　1 000 000

　贷：应付破产费用　　20 000

　　清算净值　　980 000

从上述账务处理中，可以看出在企业正式进入破产清算后，由原有的经营核算转为破产清算核算，资产类科目可以承接，但某些负债类科目需要根据原有负债内容进行重分类，以便区分经营负债和因破产清算而产生的费用。此外，原有的权益类科目，在破产清算的前提下，需要转入“清算净值”科目。进行上述科目余额的结转，不仅有利于简化后续清算过程中账务处理核算流程，同时，能够使会计信息使用者在查阅账务时快速得到清算进展的结果。

(2)破产宣告日清算资产负债表编制

根据规定，企业经由法院宣告破产后，应当以破产宣告日为破产报表日进行编制清算资产负债表及其相关附注。2017 年 6 月 28 日，人民法院宣告北方公司破产，经调整后的清算资产负债表如表 3－6 所示：

表 3－6　　清算资产负债表

2017 年 6 月 28 日　　单位：元

资　产	期末金额	负债及清算净值	期末金额
货币资金	200 380.00	负债：	—
应收账款	84 000.00	借款	5 871 000.00
其他应收款	17 023.00	应付账款	141 526.81
存货	—	应付职工薪酬	118 709.00
固定资产	4 089 687.00	应交税费	96 259.85
		应付破产费用	38 342.00
		负债合计	6 265 837.66
		清算净值：	—
		清算净值	－1 874 747.66
资产合计	4 391 090.00	负债及清算净值总计	4 391 090.00

法院宣告企业破产的，破产宣告日当日应当作为破产企业的破产报表日，这也是破产清算会计中涉及的第一个破产报表日。在这个报表日当日，破产企业需要根据结转后的科目余额编制清算资产负债表及相关附注。在该报表日编制清算资产负债表本身难度不大，重要的是如何在报表附注中说明破产资产及破产债务。例如，在表3－6中，固定资产增加的100万元，必须在附注中加以说明，并提供充足证据，否则就可能给报表使用者带来歧义。

(3)北方公司破产清算期间的会计处理

①北方公司共收回应收账款80 000元，已存入银行。按照规定，对于破产企业的应收类债权、应收票据、应收类投资等，如果在其破产清算期间有收回的，则应当按照实际收回的金额，借记到"现金""银行存款"等科目，并按照原资产的账面价值，贷记有关科目，另需将其差额计入"资产处置净损益"科目。北方公司具体会计处理如下：

借：银行存款	80 000	
资产处置净损益	4 000	
贷：应收账款		84 000

②北方公司破产清算期间，召开破产清算会议，支付会议费等相关费用10 000元，以银行存款付讫。会计处理如下：

借：破产费用	10 000	
贷：银行存款		10 000

③北方公司破产清算期间，支付人民法院破产案件受理费用18 342元，以银行存款付讫。会计处理如下：

借：应付破产费用	18 342	
贷：银行存款		18 342

④北方公司破产清算期间，按照经批准的职工安置方案，优先支付应付职工薪酬，除此之外，另支付职工补偿金20 000元。会计处理如下：

借：应付职工薪酬	118 709	
应付破产费用	20 000	
债务清偿净损益	20 000	
贷：银行存款		158 709

⑤北方公司破产清算期间，盘盈一批存货，估计成本价值为5 000元。会计处理如下：

借:存货　5 000

　贷:其他收益　5 000

⑥北方公司以其所有的房屋作价用于清偿其所欠 B 银行长期借款。按照规定,破产企业在进行清偿债务时,如以其拥有的某一项或者某几项非货币性资产进行抵偿的,则应按照清偿债务的实际价值借记相关负债科目,并以非货币性资产的账面价值,在相关资产科目中作贷记,二者差额应计入"债务清偿净损益"科目。具体会计处理如下:

借:长期应付款　4 530 000

　贷:固定资产　4 000 000

　　债务清偿净损益　530 000

⑦将盘盈的存货及剩余固定资产折价变卖,共获得价款 29 250 元(含税价),已存入银行。按照规定,企业破产清算期间若有出售存货、固定资产、投资性房地产以及在建工程/项目等实物资产的行为,应当以出售资产实际收到的价款,借记至"现金""银行存款"等科目,并按照售出的实物资产的账面价值,在相关资产科目作贷记,此外,按应当缴纳的税费贷记"应交税费"科目,差额记入"资产处置损益"科目。北方公司会计处理如下:

借:银行存款　29 250

　资产处置损益　69 687

　贷:固定资产　89 687

　　存货　5 000

　　应交税费——应交增值税(销项税额)　4 250

⑧其他应收款确认无法收回,且无法提供抵减所得税的资料。会计处理如下:

借:破产资产和负债净值变动净损益　17 023

　贷:其他应收款　17 023

在北方公司破产清算期间,在处置破产资产环节,需要明确的是资产处置行为是符合市场经济的市场化行为,而非人为操纵的不公平交易行为,相关资产价值的重新估计,需要由有资质的第三方评估机构进行评估,否则将可能造成其资产价值被低估,从而造成国有资产的无故流失。因此,如何防范资产评估及资产处置的不公平行为,是北方公司破产清算期间必须严加规范的,也是其他国有企业在破产清算过程中,极易忽略的重要环节。

(4)北方公司破产清算期间会计报表编制

在北方公司破产清算期间,应债权人会议要求,公司以 2017 年 7 月 31 日为报表日,编制清算财务报表。由于该报表日属于清算期间，提供报表的目的就是让法院、债权人及其他相关使用人对北方公司破产清算进度及财产情况有所了解，因此，需要提供尽可能完整的报表。与正常经营的企业编制年度财务报表类似，在编制破产清算期间财务报表时，也应当首先将相关损益类科目结转至“清算净损益”科目中，再将该科目余额转入“清算净值”科目。具体处理如下：

①借：其他收益　　5 000

　　债务清偿净损益　　510 000

　　贷：资产处置净损益　　73 687

　　　　破产费用　　10 000

　　　　破产资产和负债净值变动净损益　　17 023

　　　　清算净损益　　414 290

②借：清算净损益　　414 290

　　贷：清算净值　　414 290

在完成上述账务处理后，应债权人会议的要求，北方公司于2017年7月31日编制清算期间财务报表。具体如表3—7所示：

表3—7　　清算资产负债表

2017年7月31日　　单位：元

资　产	期末金额	负债及清算净值	期末金额
货币资金	122 579.00	负债：	—
应收账款	0	借款	1 341 000.00
其他应收款	0	应付账款	141 526.81
存货	—	应付职工薪酬	0
固定资产	0	应交税费	100 509.85
		应付破产费用	0
		负债合计	1 583 036.66
		清算净值：	—
		清算净值	－1 460 457.66
非流动资产合计	122 579.00	负债及清算净值总计	122 579.00

(5)北方公司破产终结日会计处理

①北方公司支付所欠税款。按照规定，破产清算企业支付所欠税款，应当按照账面价值，借记至“应交税费”科目，并按照实际支付的金额，贷记至“现金”“银行存款”等科目，其差额应当记入“债务清偿净损益”科目。北方公司货币资金余额尚可支付其所欠税款，具体会计处理如下：

借：应交税费　　100 509.85

　贷：银行存款　　100 509.85

②按照清偿比例，偿还剩余债务。北方公司会计处理如下：

借：短期借款　　19 980.90

　应付账款——M公司　　1 117.50

　应付账款——N公司　　970.75

　贷：银行存款　　22 069.15

自此，北方公司破产财产全部分配完毕，此时，破产清算组应正式向人民法院申请裁定终结破产清算程序。这也是我国破产清算程序终结中最基本、最常见的方式。随着破产清算程序终结，清算组自当完成了其相应的使命。如破产清算终结后，北方公司仍有剩余债务未予以清偿，按照法律规定，应当予以免除。而就债权人而言，破产清算程序终结后，债务人的主体资格已归于消失，债权人未实现债权，也将在破产终结裁定后自然消失。

二、实务处理——破产清算及重整

【例3－2】　破产重整

【资料】

东升公司由于经营不善，长期亏损，以至于无法偿还到期债务而只能申请破产，法院于2016年9月1日宣告为破产清算日，清算中部分资产变现后的资产负债表如表3－8所示：

表3－8　　**资产负债表**

2016年9月30日　　单位：元

货币资金	2 180 000	应付票据	110 000
		长期借款	2 000 000
固定资产(净值)	120 000	实收资本	400 000

续表

		留存收益	(210 000)
资产合计	2 300 000	负债与权益合计	2 300 000

【要求】

根据下列各项清算业务，作相应会计处理：

1. 将固定资产变现，收回现金价值为 110 000 元。

2. 首先用银行存款清偿有部分担保的应付票据债务。

3. 剩余部分现金再全部偿还银行借款。

4. 假如东升公司发生财务困难，经与债权人协商，债权人愿意作出让步，以缓解东升公司的财务困难。现经规范程序拟定的重整计划如下：

(1)将以账面价值为 200 000 元、累计折旧为 80 000 元的固定资产抵付面值为 110 000 元的无息票据，该固定资产的评估价值为 100 000 元。

(2)年利率为 8%、5 年期、本金为 2 000 000 元的银行贷款，现尚有 1 年到期，经协商，银行同意减免积欠的利息，本金减至 1 800 000 元，期限延长 1 年。

(3)重整中通过银行支付的重组费用计 20 000 元。

(4)结转留存收益账户余额。

(5) 编制重整后的资产负债表。

【实务处理】

1. 借:银行存款　　110 000
　　资产处置净损益　　10 000
　　贷:固定资产　　120 000

2. 借:应付票据　　110 000
　　贷:银行存款　　110 000

3. 借:长期借款　　2 000 000
　　贷:银行存款　　2 000 000

4. 协商重整会计处理：

(1)借:应付票据　　110 000

累计折旧　80 000
资产清理损益　20 000
贷:固定资产　200 000
重组损益(110 000－100 000)　10 000

(2)借:长期借款　2 640 000
贷:长期借款(1 800 000＋1 800 000×8%×2)　2088 000
重组损益　552 000

(3)借:重组费用　20 000
贷:银行存款　20 000

借:重组损益　20 000
贷:重组费用　20 000

(4)借:重组损益　542 000
贷:留存收益　210 000
资产清理损益　20 000
资本公积　312 000

(5)编制重组后资产负债表(如表 3－9 所示):

表 3－9　资产负债表

2016 年 9 月 30 日　单位:元

货币资金	2 160 000	长期借款	1 448 000
		实收资本	400 000
		资本公积	312 000
资产合计	2 160 000	负债与权益合计	2 160 000

三、思考训练

3.2 无锡尚德破产重整案

【资料】

无锡尚德太阳能电力有限公司(简称无锡尚德)成立于 2001 年 1 月 22 日,主要经营业务为研究、开发、生产、加工太阳能电池及发电产品系统等。尚德电力控股有限公司(简称尚德电力)是2005年在美国纽约证券交易所上市的民营企业。无锡尚德则是尚德电力旗下资产规模最大的生产基地,集中了95%以上的产能,10年间成长为全球最大的光伏组件生产商之一。2012年,由于行业恶性价格战,欧洲主要光伏市场国家大幅削减对光伏产业的财政补贴,抑制了欧洲光伏市场需求,造成全球产能过剩。人民币升值带来的汇率波动,影响了光伏产品出口,实际收入缩水,加之公司自身决策频繁失误及内部管理等问题,无锡尚德运行陷入极度困境,并导致尚德电力股价一度跌至0.6美元以下,三次收到纽约证券交易所停牌警告,并一度被强制进入退市程序。2013年3月18日,中国银行股份有限公司无锡高新技术产业开发区支行等8家银行以无锡尚德不能清偿到期债务为由,向江苏省无锡市中级人民法院申请对无锡尚德进行破产重整程序。

无锡中院受理后,指定由地方政府职能部门组成清算组担任管理人,同时建议清算组通过市场化运作遴选审计、评估、法律、财务等中介机构,充实清算组团队,发挥中介机构在市场价值判断、营业管理咨询等方面的专业优势。从裁定无锡尚德进入重组伊始,无锡市政府支持破产重整人严格按法制化与市场化原则开展工作,放手让市场这一看不见的手发挥作用,减少行政干预。在重整程序中,通过公开招聘战略投资者,充分实现无锡尚德重整价值,使重整条件下的普通债权清偿比例提升31.55%,为各地政府如何帮助地方重点企业走出财务危机、实现持续健康发展提供一个参考样本。

【问题思考】

1. 结合案例背景资料,分析陷入破产清算的内外部原因。
2. 无锡尚德破产重整实施完全市场化方案有何重要意义?

3.3 破产清算会计实务

【资料】

2018年3月20日,红星箱包制作公司与其原料供货商永强皮革厂签订1 000 000元的原材料买卖合同,同年9月1日,红星公司因经营不善,引发财务问题,向当地人民法院提交了的破产申请。法院指定诚信会计师事务所作为红星公司的破产清算管理人。当时上述两家公司签订的商品买卖合同双方公司均未履行。

红星公司在进入破产清算时,应收账款账面上有500 000元,已经催讨收回400 000

元，其余 100 000 元无法收回；另有固定资产账面价值 30 000 元，已提折旧 12 000 元，变价 13 000 元出售；支付员工工资 15 000 元，在清算过程中发生的清算费用总额为 65 000 元。

【要求】

1. 根据破产法有关规定，对于上述双方均未履行完毕的买卖合同，清算管理人应当如何处理？该买卖合同在什么情况下视为解除？

2. 如果清算管理人决定解除合同，给永强公司造成 100 000 元的经济损失，该损失应当如何处理？

3. 如果清算管理人决定继续履行合同，永强公司按照合同约定发货后，1 000 000 元的货款应当如何支付？

4. 为红星公司发生的有关破产业务作相应会计账务处理。

第四章　企业合并会计

企业合并是企业扩张的基本手段，企业规模的扩大可以提高其经济效益，又可分散风险。企业合并即一个企业为获得对另一个或多个企业控制权以及吸收一个或多个企业净资产的行为。

第一节　企业合并会计

企业合并按是否在同一控制下合并分类，其会计核算方法也各有差异，根据我国《企业会计准则第 20 号——企业合并》规定：同一控制下的企业合并采用权益结合法，而非同一控制下的企业合并采用购买法。企业合并过程的会计核算主要涉及参与合并企业的可辨认净资产的确定及商誉的确认与计量两大基本问题。

一、案例分析——企业并购

案例 4—1　　阿里影业收购粤科软件

【背景资料】

粤科软件是目前国内重要的影院出票系统提供商之一，其原股东为广东省计算技术应用研究所及广东省科技创业投资有限公司，两家各持 50%股份。其核心业务包括本地售票系统，为第三方（电商平台）设置接入平台及自动放映系统等平台化产品。业务覆盖国内 1 500 家影院，占全国影院总数 1/3。

2015 年 6 月 2 日晚间，阿里巴巴影业集团发布公告，与广东粤科软件工程有限公司（粤科软件）正式签订产权转让合同，实现对后者的全资收购。该次交易以现金形式完成，总额为 8.3 亿元人民币，粤科软件 2015 年 6 月 2 日经审核的所有者权益公允价值为 2 089.54 万元。

【问题】

1. 阿里收购粤科是否同一控制下合并？有否商誉产生？

2. 阿里收购粤科的相关会计处理如何？

3. 假如阿里仅用2 000万元购买粤科软件全部股份，会计处理有何不同？

【案例分析】

1. 阿里收购了粤科100%的股权，且阿里与粤科在收购之前没有任何关联关系，因此，阿里收购粤科为非同一控制下的企业合并，阿里影业应以支付的价格和相关交易费用来计量长期股权投资。

在该项合并中，阿里影业支付的合并成本(83 000万元)大于其取得的粤科软件经审核的可辨认净资产公允价值份额(2 089.54万元)，故另需确认合并商誉：83 000－2 089.54＝80 910.46万元。

2. 阿里收购粤科的相关会计处理(单位：万元)：

借：长期股权投资	83 000	
贷：银行存款		83 000

另，阿里影业需在备查簿记录对合并成本的分配，在2015年6月30日，编制合并资产负债表，其中将列示“商誉”80 910.46万元。

3. 如果阿里影业用2 000万元收购粤科软件，其支付的合并成本小于取得的粤科软件购买日可辨认净资产公允价值：

合并成本2 000－被合并方可辨认净资产公允价值份额2 089.54＝－89.54(万元)。

因在购买日产生收购负商誉需调整当期损益，根据现行“企业会计准则”，对合并成本小于取得的粤科软件购买日可辨认净资产公允价值份额的差额，经反复复核，该差额计入当期损益。

会计处理如下(单位：万元)：

借：长期股权投资	2 089.54	
贷：银行存款		2 000
营业外收入		89.54

二、实务处理 1——同一控制下合并

【例 4—1】 现金并购

【资料】

海通公司于 2007 年 8 月 1 日从其母公司手中购买了母公司的全资子公司——×公司 70%的股权，用银行存款支付购买价款(合并对价)5 000 000 元，另支付交易费用 10 000 元。×公司 2007 年 8 月 1 日所有者权益的账面价值为 6 800 000 元。

海通公司 2007 年 8 月 1 日的资本公积为 600 000 万元，盈余公积为 5 000 元，未分配利润为 1 500 000 元。

【要求】

为海通公司的收购业务编制相关会计分录。

【实务处理】

借：长期股权投资　4 760 000

　　管理费用　10 000

　　资本公积　240 000

　　贷：银行存款　5 010 000

【例 4—2】 换股并购

【资料】

甲、乙公司分别为 M 公司控制下的两家子公司。甲公司于 20×6 年 3 月 10 日自母公司 M 处取得乙公司 100%的股权，合并后乙公司仍维持其独立法人资格继续经营。为进行该项企业合并，甲公司发行了 500 万股本公司普通股(每股面值 1 元)，市价为每股 3.4 元，作为对价。假定甲、乙公司采用的会计政策相同。合并日，甲公司及乙公司的所有者权益构成如表 4—1 所示：

表 4—1　甲、乙公司所有者权益构成　单位：万元

甲公司		乙公司	
项目	金额	项目	金额
股本	4 000	股本	500

续表

甲公司		乙公司	
项目	金额	项目	金额
资本公积	1 300	资本公积	200
盈余公积	100	盈余公积	300
未分配利润	2 500	未分配利润	700
合　计	7 900	合　计	1 700

【要求】

1. 判断甲、乙公司合并的性质。

2. 为甲公司的合并业务编制相关会计分录。

【实务处理】

(1)确认：

借:长期股权投资　17 000 000

　贷:股本　5 000 000

　　资本公积　12 000 000

(2)调整：

借:资本公积　1 000 000

　贷:盈余公积　3 000 000

　　未分配利润　7 000 000

(3)抵销：

借:股本　5 000 000

　资本公积　2 000 000

　盈余公积　3 000 000

　未分配利润　7 000 000

　贷:长期股权投资　17 000 000

三、实务处理 2——非同一控制下合并

【例 4—3】 现金并购

【资料】

洋山公司于2016年8月1日购入蓝天公司60%的股权，用银行存款支付的购买价款(合并对价)为6 000 000元，另支付相关交易费用15 000元。收购前，两家公司之间不存在任何关联关系。

蓝天公司2016年8月1日所有者权益的账面价值为5 600 000元，蓝天公司2007年8月1日的可辨认所有者权益公允价值为7 500 000元。

假如洋山公司用银行存款支付的购买价款(合并对价)为5 500 000元，购入蓝天公司75%的股权，其他资料不变。

【要求】

根据不同假设的合并条件，分别为洋山公司编制相关会计分录。

【实务处理】

假设1：

(1)借:长期股权投资　　6 000 000

　　管理费用　　15 000

　　贷:银行存款　　6 015 000

(2)占子公司份额:7 500 000×60%=4 500 000

商誉:6 000 000−4 500 000=1 500 000

假设2：

(1)借:长期股权投资　　5 625 000

　　管理费用　　15 000

　　贷:银行存款　　5 515 000

　　　营业外收入　　125 000

(2)占子公司份额:7 500 000×75%=5 625 000

负商誉:5 500 000−5 625 000=−125 000

【例4—4】 控股合并

【资料】

2016年6月30日，P公司向S公司的股东增发10 000万股普通股(每股面值1元，每股市价3.5元)对S公司进行合并，并于当日取得对S公司70%的股权。假定该项目合并前P公司与S公司并无任何关联关系。

购买日，S公司所有者权益账面价值为22 000万元，其中：股本10 000万元，资本公积5 000万元，其他综合收益1 000万元，盈余公积2 000万元，未分配利润4 000万元。购买日，S公司除存货、长期股权投资、固定资产和无形资产外，其他资产、负债的公允价值与账面价值相等。存货的账面价值1 020万元，公允价值为1 800万元；长期股权投资的账面价值为8 600万元，公允价值为15 200万元（满足递延所得税确认条件）；固定资产账面价值为12 000万元，公允价值为22 000万元；无形资产账面价值为2 000万元，公允价值为6 000万元。P公司和S公司适用的所得税率均为25%。

【要求】

1. 为P公司个别财务报表中取得对S公司长期股权投资作相关会计分录；

2. 计算P公司购买日的合并商誉，并编制合并报表中的调整与抵消分录。

【实务处理】

1. P公司（单位：万元）：

借：长期股权投资——S公司（10 000万×3.5）	35 000	
贷：股本		10 000
资本公积——股本溢价		25 000

2. 存货的公允价值1 800万元，计税基础为1 020万元，产生应纳税暂时性差异。

递延所得税负债＝（1 800－1 020）×25%＝195（万元）

长期股权投资确认递延所得税负债＝（15 200－8 600）×25%＝1 650（万元）

固定资产确认递延所得税负债＝（22 000－12 000）×25%＝2 500（万元）

无形资产确认递延所得税负债＝（6 000－2 000）×25%＝1 000（万元）

考虑递延所得税后S公司可辨认净资产公允价值＝22 000＋1 800－1 020＋15 200－8 600＋22 000－12 000＋6 000－2 000－（195＋1 650＋2 500＋1 000）＝38 035（万元）

合并商誉＝企业合并成本－合并中取得被购买方的可辨认净资产公允价值份额

＝35 000－38 035×70%＝8 375.5（万元）

P公司合并报表中的调整与抵消分录（单位：万元）：

（1）借：存货（1 800－1 020）	780
长期股权投资（15 200－8 600）	6 600

固定资产(22 000－12 000)	10 000	
无形资产(6 000－2 000)	4 000	
贷:资本公积		21 380
(2)借:资本公积	5 345	
贷:递延所得税负债		5 345
(3)借:股本	10 000	
资本公积(21 380－5 345＋5 000)	21 035	
其他综合收益	1 000	
盈余公积	2 000	
未分配利润	4 000	
商誉	8 375.5	
贷:长期股权投资		35 000
少数股东权益(38 035×30%)		11 410.5

三、思考训练

4.1　并购决策评估

【资料】

达升公司是一家大型的家电公司,近几年来不断做强做大,发展势头甚好。为了更好地扩大市场占有率,实现其横向一体化战略,达升公司也在筹划着并购一些有潜力的企业。腾飞公司则是刚刚兴办起来的规模较小的企业,虽然近几年尚未盈利,但其生产的一种独特的新型洗衣机操作方便,外观时尚,颇受喜欢。正是看中这一项技术,达升公司的管理层有意兼并腾飞公司,于是财务顾问便针对其财务状况进行深入分析。

腾飞公司 2016 年的财务报表有关项目显示:企业资产总额 1 000 万元,其中,商誉 300 万元,该商誉系两年前腾飞收购另一家公司时形成的,不曾摊销也未计提减值准备;应收账款占比 25%,其中账龄三年以上近 40%,但对此腾飞也只计提了较低的坏账准备;负债 1 200 万元,所有者权益为－200 万元。

达升的财务顾问认为,30%的资产由商誉组成,这不得不令人对其资产质量和潜在风险表示关注,倘若考虑今后像美国在线时代华纳公司那样,计提导致令投资者损失惨重的减值准备,则势必会影响今后的资产规模与利润;应收账款的高比例也令人怀疑其很有可能为刺激销售而大大放宽赊销条件，这种应收账款内部控制失效的状况也反映了其持续经营能力存在的重大不确定性；更令人担忧的是其资不抵债的状况，接受腾飞公司就意味着也要承担起支付一笔数目较大的债务，增加公司的风险。一边是漏洞百出的财务状况，一边是深受市场欢迎的技术，腾飞到底是"烫手山芋"还是"香饽饽"，达升公司的财务顾问很难对此并购项目做出合理评估，陷入了两难的抉择中。

【问题思考】

1. 达升公司的财务顾问应如何全面地向公司阐述腾飞的经营与财务现状，应如何建议公司做出选择？

2. 假如你作为腾飞公司的谈判代表，在得知达升公司对并购项目的担忧后，你将以什么理由凸显公司优势，说服达升公司管理层确定并购决策？

4.2　企业并购实务

【资料】

2016 年 3 月 31 日，荣盛公司与境外某能源企业 A 公司的某股东签订股权收购协议，荣盛公司以 2 000 万元的价格收购 A 公司股份 80%，另支付交易费用 30 万元；当日，A 公司可辨认净资产的公允价值为 2 200 万元，账面价值为 2 100 万元。2016 年 6 月 30 日，荣盛公司支付了收购款并完成股权划转手续，取得了对 A 公司的控制权；当日，A 公司可辨认净资产的公允价值为 2 350 万元，账面价值为 2 250 万元。收购前，荣盛公司与 A 公司不存在任何关联关系，双方的空间政策相同。

【问题思考】

1. 荣盛公司收购 A 公司是属于哪类企业合并？合并中是否有商誉产生？

2. 指出上述合并应采用的核算方法并作相关企业合并会计处理。

4.3　天价收购？

【资料】

骅威文化(002502)在 2018 年 6 月 4 日晚公告，公司正筹划涉及发行股份购买资产的重大事项，可能构成重大资产重组。标的资产为东阳曼茶罗影视文化有限公司，整体估值暂定不低于30亿元。公告称,骅威文化拟向东阳曼荼罗的股东发行股份及支付现金购买标的公司的股权,其中70%的股权转让款通过发行股份的方式支付,30%的股权转让款通过现金方式支付。在这笔交易中,仅仅成立两年的东阳曼荼罗究竟以什么样的估值方法、凭借2.3亿元的净资产卖出了不低于30亿元的天价?就收购方骅威文化本身而言,以此次公告前的收盘价5.82元/股计算,骅威文化总市值为50.04亿元。对于收购东阳曼荼罗能给出不低于30亿元的估值,不得不说是一笔重大的战略性并购交易了,从目标公司东阳曼荼罗来看,成立于2016年6月30日,当年该公司的业绩只能算普通。截止到2016年底公司总资产为788万元,所有者权益2.3亿元。截止到2017年底,骅威文化已拥有超过18亿元的商誉,占总资产比例为48.61%,假如这笔并购业务完成,骅威文化又将产生不低于27亿元的商誉。

【问题思考】

1. 商誉的实质是什么?为何商誉的账面价值与实际价值有较大差异?
2. 收集资料,分析上述拟"天价并购"案例背后可能的深层次原因。

第二节　合并财务报表

企业控股合并是通过对另一个企业的权益性投资而获得对被投资企业的控制权,通常把拥有控制权的投资企业称为控股企业(母公司),一旦企业合并形成母子公司之间的控制与被控制关系,根据企业会计准则要求,母公司应当编制合并财务报表。

合并财务报表包括反映母公司和其子公司形成的企业集团整体财务状况、经营成果和现金流量的一系列财务报表。

一、案例分析

案例4—2　　合并报表范围

【背景资料】

甲公司是一家在深圳证券交易所上市的企业,主要从事饮料包装成套设备的研发、生产和销售。2016年度,甲公司发生的部分业务资料如下:

2016年2月10日,甲公司通过全国中小企业股份转让系统以每股5元的价格购入

A 公司股票 2 000 万股，取得 A 公司 40%有表决权的股份。A 公司于 2015 年 1 月 9 日在全国中小企业股份转让系统挂牌。A 公司挂牌前，甲公司下属某子公司于 2014 年 12 月 27 日取得了 A 公司 30%有表决权的股份；挂牌之后至 2016 年 2 月 10 日，A 公司没有增资扩股。A 公司章程规定，对相关活动(即对公司的回报产生重大影响的活动)的决策，需持有半数以上表决权的股份的股东表决通过。

2016 年 6 月 30 日，甲公司为扩大市场份额，以控股合并的方式取得同样从事饮料包装成套设备生产的 D 公司，当日，甲公司向 D 公司大股东支付价款 75 000 万元，并转让一项账面价值为 10 000 万元、公允价值为 15 000 万元的专利技术，取得 D 公司 80%有表决权的股份，能够对 D 公司实施控制。购买日前，甲公司与 D 公司及其大股东之间不存在关联关系。购买日，D 公司的可辨认净资产账面价值为 100 000 万元、公允价值为 11 000 万元。

【问题】

1. 判断甲公司是否应将 A 公司纳入 2016 年度合并财务报表的范围，并说明理由。

2. 确定甲公司对 D 公司长期股权投资的初始投资成本，甲公司是否应在购买日合并资产负债表中确认商誉？请说明理由。

【案例分析】

1. 甲公司应该将 A 公司纳入 2016 年度合并财务报表的范围，因为甲公司直接持有和通过子公司间接持有 A 公司有表决权的股份合计达 70%(30%＋40%)，已远远超过半数，能够对 A 公司实施控制。

2. 甲公司的初始投资成本＝90 000 万元(75 000＋15 000)。

甲公司应该在购买日合并资产负债表中确认商誉，因为购买日前，甲公司与 D 公司及其大股东之间不存在关联关系，属于非同一控制下的并购。

商誉＝90 000－(110 000×80%)＝2 000(万元)

案例 4—3　利用合并报表范围管理盈余

【背景资料】

国机通用(600444)机械科技股份有限公司成立于 1993 年，其主要的业务是 PVC/PE

波纹管等塑料管材的研发、生产和销售。为提高上市公司资产质量和盈利能力，该公司于2013年12月开始进行资产重组工作，并且在2015年7月30日顺利完成重组。由于国机通用公司2013年及2014年期末净资产均为负值，公司的股票面临退市风险预警。因此，该公司开始产生如下动机，即通过收购盈利能力强的子公司扩大其合并范围，从而可以在短时间内增加企业的利润以避免退市，2015年该公司完成重大资产重组，合并了合肥通用环境控制技术有限公司(简称环境公司)。2016年4月国机通用公司发布了《关于公司股票撤销退市风险警示的公告》。

国机通用公司2015年纳入环境公司到合并报表前后季度数据如表4—2所示：

表4—2　　**2015年季度合并财务报表数据**　　单位：万元

	第一季度	第二季度	第三季度	第四季度
营业收入	11 984.49	13 262.11	18 059.25	29 361.85
归属于上市公司股东的净利润	−738.65	−697.15	2 866.45	1 589.09
归属于上市公司股东的扣除非经常性损益的净利润	−754.67	−725.54	1 359.77	1 667.48
经营活动产生的现金流量净额	−3 295.25	5 395.91	1 164.29	5 862.18

【问题】

1. 根据上述资料数据分析国机通用公司股票被撤销退市风险警示的主要原因。

2. 分析该公司是如何利用合并方法进行盈余管理的。

【案例分析】

1. 根据国机通用公司2015年季度合并财务报表有关数据分析：和2015年期初相比发现，该公司的营业收入、净利润等指标都有较大幅度上升，并且指标均不触及上市公司退市风险警示，2016年4月25日上海证券交易所撤销了关于国机通用公司的退市风险警示。因此，通过2015年的季度财务数据分析可知，该公司业绩扭亏为盈的主要原因是环境公司纳入合并报表范围。

通过对该公司2015年利润增加的原因进行分析，判断其是否因为将盈利状况较好的公司纳入企业的合并报表范围之内来“创造”利润。由于公司重组日为7月30日，故第一、第二季度数据并未包含环境公司，但在2015年7月30日完成合并环境公司后，该公司合并报表前后季度数据就发生了逆转，如表4－2所示：公司的营业收入在第三、第四季度有了明显增长，而归属于上市公司股东的净利润及扣除非经常性损益的净利润在环境公司纳入之后均为正值，并且与前两季度相比增长幅度较大，这说明由于环境公司的加入，对企业扭亏为盈、摆脱面临退市的风险有着不可忽视的作用。

2. 企业合并会计核算的两种方法购买法与权益法结合的区别之一是：购买法下被购买企业合并日前的利润与购买企业无关；而权益结合法下参加合并企业的全年利润都应并入其中。当持股比例由20％以下超过20％时，企业核算应从成本法改为权益法，合并方法的变更也能使公司利润发生变化，并不会增加企业税负。国机通用公司在对环境公司进行合并时取得100％权益比例，不仅能增加当年利润，并且同时又不会增加企业的税负，从某种程度上说为企业的成功脱帽有着不可忽视的影响作用。

案例4—4　合并财务报表调整

【背景资料】

2017年1月1日，明达股份有限公司支付600万元取得嘉宝创业公司100％的股权，投资时嘉宝公司可辨认净资产的公允价值为500万元，商誉100万元。2017年1月1日至2018年12月31日，嘉宝公司的净资产增加75万元，其中按购买日价值计算实现净利润50万元，持有可供出售金融资产的公允价值升值25万元。

2019年1月8日，明达公司转让嘉宝公司60％的股权，收取现金480万元存入银行，转让后明达公司对嘉宝公司的持股比例为40％，仍能对其施加重大影响。2019年1月8日，嘉宝公司剩余股权的公允价值为320万元，假定嘉宝公司提取盈余公积金的比例均为10％。且未分配现金股利，并不考虑其他因素。

【实务处理】

明达公司基于上述发生的股权转让业务，相关财务报表会计处理分别如下：

个别财务报表：

(1)确认部分股权处置收益：

借：银行存款	4 800 000	
贷：长期股权投资		3 600 000
投资收益		1 200 000

(2)对剩余股权的核算从成本法改为权益法：

借：长期股权投资 200 000

贷：盈余公积 20 000

未分配利润 180 000

经过调整，明达公司在个别财务报表中，剩余股权的账面价值为270万元。

合并财务报表：

明达公司合并财务报表的处理：应确认的投资收益为150万元，由于个别财务报表已确认了120万元的投资收益，在合并财务报表中应作相关调整。

(1)对于剩余股权按丧失控制权日的公允价值重新计量并作如下调整：

借：长期股权投资 3 200 000

贷：长期股权投资 2 700 000

投资收益 500 000

(2)对于个别财务报表中的部分处置收益的归属期进行调整：

借：投资收益 300 000

贷：未分配利润 300 000

(3)从资本公积转出与剩余股权相对应的原计入权益的其他综合收益100 000元，重分类转入投资收益：

借：资本公积 100 000

贷：投资收益 100 000

【问题】

1. 处置部分股权的收益是120万元，为什么在合并财务报表上要确认投资收益150万元？

2. 为什么剩余股权在合并财务报表中要按处置日的公允价值计量，而在个别财务报表上按其账面价值计量？

【案例分析】

1. 明达公司在尚未出售60%股权时，嘉宝公司应纳入明达公司的报表范围，故嘉宝公司在合并财务报表中表现为分部资产、负债及净资产。明达公司出售部分股权丧失对嘉宝公司的控制权后，使得期末合并财务报表中体现为丧失分部资产、负债及净资产，假如不考虑其他因素，从资产负债表期末数与期初数对比，资产、负债及净资产将大幅度减少。因此，这种部分处置子公司股权与全部处置子公司股权的结果对合并财务报表的影响是完全相同的，即都是净资产的增加或减少。在本例中尽管明达公司处置部分股权，但在合并财务报表中却体现为处置整个嘉宝公司，根据“实质重于形式”的要求应视同全部处置并确认相应的处置损益。

因此，处置股权取得的对价与剩余股权公允价值之和为 800 万元，按权益法核算的原持股比例所拥有的嘉宝公司的权益份额为 675 万元，应确认处置损益 125 万元，同时将嘉宝公司可供出售金融资产的公允价值升值而计入合并财务报表资本公积的 25 万元结转至投资收益，因此在合并财务报表中应确认的投资收益为 150 万元。

2. 由于处置子公司部分股权导致丧失对嘉宝公司的控制权，引起公司合并财务报表资产、负债及净资产减少，故已被视同全部处置子公司股权并确认相应损益。但明达公司处置嘉宝公司之前，在合并财务报表上没有长期股权投资（已在合并报表工作底稿中抵消）。在明达公司处置嘉宝公司 60%股权后，在合并财务报表上出现了长期股权投资，因此，从合并财务报表的使用者角度看，这是新增的长期股权投资，应该按购置日的公允价值计量反映（即按明达公司部分处置日的公允价值计量）。

从另一角度看，也可将部分处置子公司的业务分为两个步骤：一是出售全部股权，二是重新购回一部分股权。因此对于剩余的这一部分股权必须按照处置日的公允价值进行计量。而在个别财务报表上，出售部分股权仅仅使得长期股权投资的核算方法和余额发生变化，因此，在个别财务报表上仍然按照其账面价值进行计量。

二、实务处理 1——同一控制下

【例 4—4】 换股并购

【资料】

2016 年 6 月 30 日，A 公司向 B 公司的股东定向增发 1 500 万股普通股（每股面值 1 元，市价每股 4 元），对 B 公司进行合并，并于当日取得对 B 公司 100%的股权。假定 A 公司和 B 公司是同一集团内的两个全资子公司，合并前其共同的母公司为 M 公司，该项合并中参与合并的企业在合并前及合并后均为 M 公司最终控制。从 2016 年 6 月 30 日起，A 公司能够对 B 公司净资产实施控制。

A、B公司在2016年6月30日合并前的资产负债情况如表4—3所示。

表4—3　　资产负债表(简表)

2016年6月30日　　单位:万元

项　目	A公司(账面价值)	B公司	
		账面价值	公允价值
货币资金	2 017	1 280	1 280
应收账款	1 400	2 000	2 000
存货	3 230	242	316
长期股权投资	2 400	1 078	1 794
固定资产	4 000	1 600	2 500
无形资产	2 100	400	500
资产合计	15 147	6 600	8 390
应付账款	1 500	200	200
短期借款	1 300	2 100	2 100
其他负债	1 097	200	200
负债合计	3 897	2 500	2 500
股本	3 500	1 800	
资本公积	2 400	800	
盈余公积	2 500	900	
未分配利润	2 850	600	
所有者权益合计	11 250	4 100	5 890
负债与所有者合计	15 147	6 600	

A公司与B公司2016年1月1日至6月30日的利润表如表4—4所示:

表4—4　　利润表(简表)

2016年1月1日至6月30日　　单位:万元

项　目	A公司	B公司
一、营业收入	4 900	1 500
减:营业成本	4 000	1 200

续表

项　目	A公司	B公司
营业税金及附加	40	17
销售费用	65	30
管理费用	140	42
财务费用	40	40
资产减值损失	0	
投资收益(损失以"—"号填列)	35	17
三、营业利润(亏损以"—"号填列)	650	188
加:营业外收入	160	50
减:营业外支出	53	58
四、利润总额(亏损总额以"—"号填列)	757	180
减:所得税费用	216	57
五、净利润(净亏损以"—"号填列)	541	123

【要求】

1. 判断合并性质选择合并会计处理方法。
2. 编制合并抵销分录。
3. 编制合并资产负债表及利润表的工作底稿。

【实务处理】

(分录单位:万元)

1. 同一控制下合并,权益结合法。

2.(1)确认:

借:长期股权投资　　4 100

　　贷:股本　　1 500

　　　　资本公积　　2 600

(2)调整:

借:资本公积　　1 500

贷:盈余公积 900

未分配利润 600

(3)抵销:

借:股本 1 800

资本公积 800

盈余公积 900

未分配利润 600

贷:长期股权投资 4 100

3. 合并报表工作底稿:

表 4—5 合并资产负债表与合并利润表工作底稿 单位:万元

项目	A公司	B公司	调整与抵销分录		合并利润表	合并利润分配表	合并资产负债表
			借方	贷方			
货币资金	2 017	1 280					3 297
应收账款	1 400	2 000					3 400
存货	3 230	242					3 472
长期股权投资	2 400	1 078	4 100	4 100			3 478
固定资产	4 000	1 600					5 600
无形资产	2 100	400					2 500
资产合计	15 147	6 600					21 747
应付账款	1 500	200					1 700
短期借款	1 300	2 100					3 400
其他负债	1 097	200					1 297
负债合计	3 897	2 500					6 397
股本——普通股	3 500	1 800	1 800	1 500			5 600
资本公积	2 400	800	1 500+800	2 600			2 900
盈余公积	2 500	900	900	900			3 400
未分配利润	2 850	600	600	600			3 450
所有者权益	11 250	4 100					15 350
负债与所有者权益合计	15 147	6 600					
营业收入	4 900	1 500					6 400
营业成本	4 000	1 200					5 200
营业税金及附加	40	17					57
销售费用	65	30					95

续表

项　目	A公司	B公司	调整与抵销分录		合并利润表	合并利润分配表	合并资产负债表
			借方	贷方			
管理费用	140	42					182
财务费用	40	40					80
加:投资收益	35	17					52
营业利润	650	188					838
加:营业外收入	160	50					210
减:营业外支出	53	58					111
利润总额	757	180					937
减:所得税	216	57					273
净利润	541	123					664

实务处理2——非同一控制下

【例4—5】 现金并购

【资料】

假设2016年12月31日,A公司以250 000万元银行存款,购买了B公司90%的股权进行控股合并,两家公司合并之前不存在任何关联关系。控股权取得日(购买日)A公司和B公司的资产负债表如表4—6所示:

表4—6　资产负债表

2016年12月31日　　单位:万元

项　目	A公司	B公司	
		账面价值	公允价值
货币资金	48 000	1 000	1 000
应收账款	540 000	159 000	159 000
存货	260 000	230 000	240 000
长期股权投资	250 000		
固定资产	680 000	130 000	130 000
商誉			
应付账款	208 000	120 000	120 000
应付债券	240 000	160 000	160 000

续表

项　目	A公司	B公司	
		账面价值	公允价值
少数股东权益			
投入资本	1 010 000	120 000	
留存收益	320 000	120 000	
净资产合计	1 330 000	240 000	

【要求】

1. 判断合并性质，选择合并会计处理方法。

2. 编制合并抵销分录。

3. 编制合并资产负债表工作底稿。

【实务处理】

（分录单位：万元）

1. 非同一控制下合并，购买法。

2.（1）确认：

借：长期股权投资　　250 000

　贷：银行存款　　250 000

（2）商誉：

250 000－250 000×90％＝25 000

（3）调整抵销：

借：存货　　10 000

　商誉　　25 000

　投入资本　　120 000

　留存利润　　120 000

　贷：长期股权投资　　250 000

　　少数股东权益　　25 000

3. 合并报表工作底稿（略）。

三、思考训练

4.4　换股合并实务

【资料】

沿用【例 4—4】的有关资料，但假定 A、B 两家公司合并之前不存在任何关联关系。A 公司在该项合并中发行 1 000 万股普通股(每股面值 1 元，市场价格为每股 5 元)，取得了 B 公司 60%的股权。

【要求】

1. 判断合并性质、选择合并会计处理方法。
2. 编制合并抵销分录。
3. 编制控股权取得日的合并资产负债表工作底稿。

4.5　并购类型及合并报表处理

【资料】

高胜集团公司是一家中央国有企业，主要有三大业务板块：一是化肥生产和销售业务，主要集中在 A 分公司；二是电力生产和供应业务，主要集中在 B 分公司；三是国际旅游业务，主要集中在 C 公司。C 公司为高胜集团公司的全资子公司；高胜集团公司除 C 公司外，无其他关联公司。

2016 年，高胜集团公司加大了对全集团资产和业务的整合力度，确定了“做强做大主业，提高国有资产证券化率，实现主业整体上市”的发展战略。2016 年，高胜集团公司进行了如下资本运作：

(1)2016 年 2 月 1 日，高胜集团公司以银行存款 0.4 亿元从甲上市公司原股东处购入甲上市公司 20%的有表决权股份。该日，甲上市公司可辨认净资产的公允值为 1.8 亿元。甲上市公司是一家从事电力生产和供应的企业，与高胜集团公司的 B 分公司在业务和地域上具有很强的相似性和互补性。

2016 年 11 月 1 日，高胜集团公司以银行存款 1 亿元从甲上市公司原股东处再次购入甲上市公司 40%的有表决权股份，另发生审计、法律服务、咨询等费用 0.15 亿元。至此，高胜集团公司持有甲上市公司 60%的有表决权股份，控制了甲上市公司。该日，高胜集团公司之前持有的甲上市公司20%的有表决权股份的公允价值为0.5亿元，甲上市公司可辨认净资产的公允价值为2亿元。

(2)2016年12月1日，高胜集团公司通过司法拍卖拍得乙上市公司3亿股股权，占乙上市公司有表决权股份的51%，支付银行存款1.5亿元。该日，乙上市公司货币资金为1.2亿元，股东权益为1.2亿元。

(3)2016年12月31日，高胜集团公司为了做强做大主业，逐步退出国际旅游市场，以0.3亿元的价格出售了所持有C公司20%的有表决权股份，但仍对C公司具有控制权。该日，C公司净资产的账面价值为0.6亿元。假定不考虑其他因素。

【要求】

1. 高胜集团公司2016年购入甲上市公司股权是属于横向并购还是纵向并购？

2. 高胜集团公司2016年购入甲上市公司股权、拍卖拍得乙上市公司股权是否属于企业合并？属于哪类企业合并？并简要说明理由。

3. 计算高胜集团购入甲上市公司股权在合并日或购买日合并财务报表中的企业合并成本。

4. 说明高胜集团公司拍卖拍得乙上市公司股权在集团公司2016年合并财务报表中的会计处理方法。

5. 说明高胜集团公司出售所持有C公司20%的有表决权股份在其集团公司2016年合并财务报表中的会计处理方法。

第五章 其他特殊会计

高级会计是随着社会经济不断发展变化而广泛拓展，其内容覆盖营利性组织与非营利性组织。近年财政部陆续修订出台更新会计准则，以满足我国市场经济深入发展及交易形式多样化的核算需要，其中包括：2018 年新《企业会计准则第 21 号——租赁》及 2019 年实施的《政府会计准则——基本准则》等有关准则条例。

第一节 租赁会计

租赁是现代企业经营活动中的重要手段，它兼有商品信贷和资金信贷的双重特性。

租赁会计主要从出租人与承租人角度，针对企业的不同租赁形式业务分别进行会计核算，包括：经营租赁与融资租赁及售后租回等典型租赁业务。2018 年新租赁准则取消了承租人经营租赁和融资租赁的分类，要求对所有租赁（短期租赁和低价值资产租赁除外）确认使用权资产和租赁负债。

一、案例分析

案例 5—1　　租赁业务——承租人

【背景资料】

通用汽车零配件厂是一家制造企业。工厂于 2019 年 1 月 1 日租入一台新生产设备 A，租期 4 年，A 设备价款 2 000 000 元，预计可用 10 年。租赁合同规定，租赁开始日通用汽车零配件厂支付租金 200 000 元，第 1 年年末支付租金 100 000 元，第 2 年年末支付租金 250 000 元，第 3 年年末支付租金 210 000 元，第 4 年年末支付租金 240 000 元，租金总额为 1 000 000 元，通用工厂在年末确认租金费用。

为满足当年生产临时需要，通用工厂于 2019 年 3 月 3 日又租入一台全新生产用设备

B,该设备预计使用 10 年,合同租期为 1 年,租赁期满设备将会归还。

【问题】

1. 我国最新租赁准则如何规定租赁概念及相关会计处理方法 ?

2. 通用汽车零配件厂租入的 A 设备、B 设备应分别作何处理?

【案例分析】

1. 2018 年新《企业会计准则第 21 号——租赁》规定了租赁的定义:“在一定期间内,出租人将资产的使用权让与承租人以获取对价的合同”,并进一步说明如果合同中一方让渡了在一定期间内控制一项或多项已识别资产使用的权利以换取对价,则该合同为租赁或者包含租赁。新租赁准则要求对所有租赁(短期租赁和低价值资产租赁除外)确认使用权资产和租赁负债。新租赁准则下,承租人不再将租赁区分为经营租赁或融资租赁,而是采用统一的会计处理模式,对短期租赁和低价值资产租赁以外的其他所有租赁均确认使用权资产和租赁负债,并分别作计提折旧和利息费用等相关会计处理。

2. 该案例中公司租入的 A 设备租赁期超过 1 年,作为典型的企业租赁业务,根据最新租赁会计准则规定,对于为经营所需的租赁设备,一律将其资产资本化,在租赁期开始日以现值初始确认租赁资产和租赁负债,并计提该使用权资产的折旧和减值准备。

该公司租入的 B 设备属于短期租赁,根据最新会计准则规定:短期租赁是指在租赁期开始日,租赁期不超过 12 个月的租赁。低价值资产租赁,是指单项租赁资产为全新资产时价值较低的租赁。承租人对于短期租赁和低价值资产租赁可以选择不确认使用权资产和租赁负债,而是采用与以前的经营租赁相似的方式进行会计处理。

案例 5—2　　租赁业务——出租人

【背景资料】

鸿基房地产公司与甲公司在 2018 年 12 月 31 日签署了一份写字楼的租赁合同。合同约定:租赁期限 5 年,从 2019 年 1 月 1 日起;每年租金 100 万元(不含税,含税 105 万元),租金按年支付,租金每年 12 月 31 日前支付。租赁期满,甲公司需恢复租赁场地原貌。

2019 年 1 月,鸿基房地产公司向房屋中介公司支付了中介费用 3 万元,房屋中介公司提供了普通发票。在2019年12月31日前，鸿基房地产公司收到了甲公司支付的第一期租金105万元。假定出租的写字楼每年度应计提折旧30万元（符合税法规定）。

【问题】

1. 我国最新租赁准则对出租人租赁业务处理方法有何变化？

2. 在新租赁准则下，为鸿基房地产公司作2019年度的财税处理。

3. 分析该项租赁业务的初始直接费用处理中的税会差异。

【案例分析】

1. 关于出租人的经营性租赁业务，新旧《租赁准则》变化不大，二者对比如表5－1所示：

表5－1 出租人对经营租赁的会计处理在新旧准则下的变化对比

项目	旧准则 （财会〔2006〕3号）	新准则 （财会〔2018〕35号）	变化比较
初始直接费用	计入当期损益	发生时资本化，后期采用与租金收入确认相同的方法进行分摊	变化
租金收入	直线法或其他方法	直线法或其他方法	无
折旧或摊销	需要	需要	无

2. 鸿基房地产公司是一般纳税人，出租的写字楼属于自己开发的老项目，对外出租适用简易计税。该出租人租赁业务分析处理如下（分录单位：万元）：

（1）2019年1月支付初始直接费用：

根据新准则规定，出租人因出租而发生的初始直接费用，在发生时应先予以资本化，然后在租赁期间合理分摊。

借：长期待摊费用　　3

　　贷：银行存款　　3

（2）2019年12月收到租金，确认收入：

借：银行存款　　105

　　贷：主营业务收入　　100

　　　　应交税费——简易计税　　5

2020 年及以后租赁期间收到各年租金时也做上面相同分录，不再重复。

(3)初始直接费用的分摊：

假定该房地产公司对租金收入采取直线法确认，则初始直接费用也应采用直线法。每年应分摊的金额＝3 万元/5＝0.6(万元)。

借：其他业务成本　　0.6

　贷：长期待摊费用　　0.6

(4)租赁资产折旧：

出租的房屋属于固定资产，出租期间并不改变其原来的折旧政策，房屋折旧属于房屋出租取得租金收入的成本。

借：其他业务成本　　30

　贷：累计折旧　　30

(5)出租房屋缴纳房产税：

租赁期间的年度内房产税，按照租金收入的 12%计算缴纳，每年应交房产税＝100×12%＝12(万元)。2019 年收到租金后：

借：税金及附加　　12

　贷：应交税费——应交房产税　　12

3. 鸿基房地产公司出租房屋支付的中介费等初始直接费用 3 万元，会计处理是把其进行了资本化处理，只是分摊了一部分计入 2019 年度损益，而税务方面是可以税前扣除的，因此 2019 年度需要进行纳税调整，调减应纳税所得额。以后租赁期间会计处理分摊的初始直接费用，税务处理已经在租赁开始的 2019 年度进行了税前扣除，需要进行纳税调整，调增应纳税所得额。

案例 5—3　售后租回

【背景资料】

第三架 ARJ21 客机交付成都航空，中国支线客机正在向批产化稳步迈进。2017 年 10 月 19 日，航天融资租赁有限公司(以下简称“航天租赁”)与中国商用飞机有限公司(以下简称中国商飞)、成都航空有限公司(以下简称成都航空)在山东东营完成了国内首架 ARJ21—700 国产飞机的售后租回业务。2017 年 7 月 9 日，ARJ21—700 飞机获得首张生产许可证(PC 证)，此次交付的 ARJ21 客机系中国商飞公司总装制造中心正式迈入批产后交付的首架飞机，标志着中国支线喷气客机正在向批产化稳步迈进。

第三架 ARJ21 飞机由航天融资租赁公司出资购买，出租给成都航空使用，这是国产支线喷气式客机首次通过租赁形式交由航空公司运营。

【问题】

1. 该项售后租回业务属于哪类租赁业务？

2. 这种特殊的租赁方式有何优势？

【案例分析】

1. 售后租回交易形式上是一种租赁业务，实质是一种融资手段。这种融资手段并不是纯粹意义上的融资租赁，从内容上讲，可作为一项融资性租赁，也可作为经营性租赁，由于租赁付款与售价通常是相互关联的，所以形成一揽子谈判方式，但其本质上仍是融资性的租赁交易。

2. 从该案例可见：成都航空是该项资产的卖方（承租人），而航天融资租赁公司是该项资产的买方（出租人），通过售后回租交易，资产的原所有者（即承租人）在保留对资产的占用权、使用权和控制权的前提下，将固定资产转化为货币资本，在出售时取得全部价款，而租金则是分期支付的，从而获得了所需的资金，而资产的新所有者（即出租人）通过售后回租交易，找到了一个风险小、回报有保障的投资机会。融资是售后租回的直接动因，获取纳税上的财务利益则是售后租回的间接动因，也是承租人最关心的问题。纳税上的财务利益取决于销售资产损益的多少、销售损益递延期的长短及递延损益摊销的方法。

二、实务处理——航空租赁业务

【例 5—1】 春秋航空飞机租赁

【资料】

春秋航空（601021.SH），即春秋航空股份有限公司，成立于 2004 年 11 月 1 日，主营业务为国内航空客货运输业务以及与航空运输业务相关的服务业务，并成功于 2015 年 1 月 21 日在上海证券交易所上市，是国内第一家在 A 股上市的民营航空公司。春秋航空是国内低成本航空领域的先驱和成功榜样。表 5—2 反映了春秋航空 2016 年机队的构成情况，由 36 架自有及融资租赁飞机、30 架经营租赁飞机构成，经营租赁飞机占据了几近半壁江山(45.45%)，春秋航空对经营租赁业务的依赖程度不容小觑。表5—3则是春秋航空在其年报中对经营租赁承诺的描述。春秋航空在未来期间需要承担的承诺负债规模庞大，该项合计数在2016年、2015年分别占营业成本总额的63.97%、61.10%，预期将会为春秋航空经营状况带来巨大压力，而目前这些承诺负债并不在财务报表中予以反映。综上，鉴于春秋航空经营租赁所涉及的庞大规模和显著金额，选择春秋航空为案例分析对象。

表5—2　春秋航空机队情况

型　号	空客A320	
保有形式	飞机数量(架)	平均机龄(年)
自有	35	2.5
融资租赁	1	6.44
经营租赁	30	4.8
经营租赁占比(%)	45.45	

表5—3　春秋航空经营租赁承诺事项　单位：元

	2016年12月31日	2015年12月31日
一年以内	894 847 400	793 272 425
一年到二年	935 955 528	758 522 055
二年到三年	812 390 810	720 937 383
三年以上	2 058 732 765	1 677 956 152
经营租赁承诺合计	4 701 926 503	3 950 688 015
营业成本总额	7 350 403 076	6 466 408 463

【问题】

1. 根据最新会计准则，春秋航空的经营性租赁飞机业务处理有何特点？

2. 分析春秋航空的经营性租赁飞机业务，并作相关会计处理。

【案例分析】

按照我国2018年新《企业会计准则第21号——租赁》及IFRS(国际财务报告准则)

16 的有关规定，于承租人而言，除特殊情形（短期租赁、小额租赁）外，一律将经营租赁资产资本化，在租赁期开始日以现值初始确认租赁资产和租赁负债。由于春秋航空经营租赁飞机占据了近半壁江山（45.45%），可见该公司对经营租赁业务的依赖程度。因此，春秋航空的经营性租赁飞机业务应按准则要求进行会计处理，其主要特点为经营租赁资产资本化。

【实务处理】

（1）春秋航空公司相关会计处理

春秋航空 2016 年年度报告披露，截至 2016 年资产负债表日，公司持有的飞机资产价值为 94.37 亿元，由于其机队机型一致，故按保有形式构成比例合理估算经营租赁飞机的价值，可得到经营租赁飞机在资产负债表日的成本约 78.64 亿元。其次，春秋航空对其固定资产采取直线法计提折旧，残值率为 5%，折旧年限为 20 年，假定经营租赁飞机采取上述折旧政策进行使用权的摊销，则年折旧额为 78.64×（1－5%）/20＝3.74（亿元），相当于年使用成本（租金）。最后，确定经营租赁飞机和租赁负债的初始金额：以金融机构五年以上存贷款基准利率 4.9%（2015 年 10 月 24 日起执行）作为折现率，以年使用成本（租金）3.74 亿元作为年金，以固定资产折旧期限 20 年为折现期限，由此得到经营租赁飞机折现价值为 3.74×（P/A，4.9%，20）＝46.95（亿元）。故租赁期开始日，应作会计处理如下（分录单位：亿元）：

借：使用权资产　　46.95

　贷：使用权负债　　46.95

（2）后续摊销处理

根据我国 2018 年新《企业会计准则第 21 号——租赁》及 IFRS（国际财务报告准则）16 有关规定：后续计量中，经营租赁承租人应按实际利率法摊销使用权负债，并计提使用权资产的折旧和减值准备，而不是直接将租金计入当期成本费用中。

春秋航空 2016 年年报披露，经营租赁飞机的平均机龄为 4.8 年，为方便计算，视为平均已使用 5 年。即截至 2016 年，春秋航空进行了连续 5 期的费用摊销和折旧计提会计处理。具体费用摊销如表 5－4 所示，其中经营租赁第 5 年费用摊销的会计调整如下（分录单位：亿元）：

借：财务费用　　2.00

使用权负债　　　　1.74

贷:银行存款等　　　　3.74

每年应对租赁飞机计提折旧 46.94×(1－5%)/20＝2.23(亿元),会计处理调整为(分录单位:亿元):

借:管理费用等　　　　2.23

贷:累计折旧/摊销　　　　2.23

因减值判断所需信息难以获取,此处并未考虑使用权资产减值事宜。

表 5—4　　经营租赁飞机租赁费用摊销　　单位:亿元

年限	租金	确认的利息费用	使用权负债减少	使用权负债摊余成本	使用权资产折旧	调整前年租赁总成本	调整后年租赁总成本
				46.95			
1	3.74	2.3	1.43	45.51	2.23	3.74	4.53
2	3.74	2.23	1.51	44.01	2.23	3.74	4.46
3	3.74	2.16	1.58	42.43	2.23	3.74	4.39
4	3.74	2.08	1.66	40.77	2.23	3.74	4.31
5	3.74	2	1.74	39.04	2.23	3.74	4.23
…	…	…	…	…	…	…	…
20	3.74	0.17	3.56	0	2.23	3.74	

三、思考训练

5.1　出租人租赁

【资料】

2019 年 1 月 1 日,泰利租赁公司购入医疗设备一套,账面价值 550 万元,出租给鸿光医院,租期 3 年,鸿光医院发生直接费用 2 万元,泰利公司发生直接费用 1.5 万元,合同约定鸿光医院每年支付租金 20 万元,资产余值为 10 万元,承租人担保余值是 5 万元,租赁期间,鸿光医院直接对该固定资产按直线法计提折旧,租赁期满,资产可由出租人收回也可由承租人留购,留购价款为 2 万元,其他未发生变化。

【问题思考】

1. 从出租人角度分析该设备租赁业务的性质;

2. 为泰利公司的该项出租业务作相关会计处理。

5.2　承租人租赁

【资料】

华山设备厂于 2015 年从黄山融资租赁公司租入一台机器设备，该设备市场价值可视为公允价值 380 000 元，合同规定：设备租赁期 8 年，估算使用年限 10 年，折现率 7%，华山设备厂每年支付租赁费 56 500 元（每年年底支付），并担保租赁资产期满时估计余值 73 000 元的 90%（担保余值 657 000 元，未担保余值 7 300 元）。租赁期满，设备退还给黄山融资租赁公司。可届时租赁设备实际价值仅有 61 000 元，华山设备厂补付差额 4 700 元。华山设备厂在租入固定资产过程中支付印税费共 600 元。华山设备厂采用实际利率法摊销“未确认融资租赁费用”。

【要求】

根据上述资料，判断华山设备厂的租赁业务性质并作相关会计处理。

第二节　政府会计

财政部于 2015 年就出台了《政府会计准则——基本准则》，并于 2017 年 10 月 24 日印发了《政府会计制度——行政事业单位会计科目和报表》，自 2019 年 1 月 1 日起施行，用以指导各行政事业单位准确、完整、及时地反映资产、负债情况，通过“双功能”“双基础”“双报告”核算体系，建立权责发生制政府综合财务报告制度，提高会计信息质量，提升财务和预算管理水平。

一、案例分析

案例 5—4　　财政拨款收入业务

【背景资料】

2019 年 3 月 20 日，浙江省某行政事业单位，在财政直接支付方式下，收到三份“财政直接支付入账通知书”及相关原始凭证，通知书中的直接支付入账金额为 7 000 元。其中购买原材料 1 000 元，购买电脑 4 000 元，支付行政部门相关印刷费 2 000 元，已验收入库。暂不涉及增值税。

6 月 2 日，单位收到“财政授权支付到账通知书”时，通知书列明金额 50 000 元。6 月 3 日，零余额账户用款额度支付后勤论证会专家费 5 000 元。

年末，该事业单位本年度财政直接支付预算指标数 100 万元，当年财政直接支付实际支付数 90 万元。

【问题】

根据最新政府会计准则要求，该行政事业单位对这类财政拨款收入业务分别应如何作相关会计处理？

【案例分析】

(1)“国库直接支付业务”的“双基础”会计处理：

经济业务事项	财务会计分录	预算会计分录
财政直接支付方式下支付相关经济业务	借：库存物品　1 000 　固定资产　4 000 　单位管理费用　2 000 　贷：财政拨款收入　7 000	借：事业支出　7 000 　贷：财政拨款预算收入　7 000

(2)“零余额账户用款额度——收支业务”的“双基础”会计处理：

经济业务事项	财务会计分录	预算会计分录
6 月 2 日收到“授权支付到账通知书”	借：零余额账户用款额度 50 000 　贷：财政拨款收入　50 000	借：资金结存——零余额账户用款额度　50 000 　贷：财政拨款预算收入　50 000
6 月 3 日支付日常活动费用	借：单位管理费用　5 000 　贷：零余额账户用款额度　5 000	借：事业支出　5 000 　贷：资金结存——零余额账户用款额度　5 000

(3)“年末业务”“双基础”的会计处理：

经济业务事项	财务会计分录	预算会计分录
年末确认拨款差额：根据本年度财政直接支付预算指标数与当年财政直接支付实际支付数的差额	借:财政应返还额度——财政直接支付 100 000 贷:财政拨款收入 100 000	借:资金结存——财政应返还额度 100 000 贷:财政拨款预算收入 100 000

案例 5—5 以前年度盈余调整

【背景资料】

2018 年，某政府机构发生维修工程款，按当时合同总价入账，付款 90%，10%尾款 26 902.00 元计入应付账款，2019 年 6 月 1 日经过财政评审，财政评审价比合同价少 1 715.00 元，经双方协商按财政评审价付款，支付 10%尾款时直接扣除 1 715.00 元，实际付款 25 185.00 元。

【问题】

1. 该项政府会计业务在 2019 年 6 月 1 日应如何进行会计处理?
2. 分析上述会计处理在财务会计与预算会计中不同处理的原因。

【会计处理】

(1)财务会计：

借:其他应付款 26 902

　　贷:银行存款 26 902

借:以前年度盈余调整 1 715

　　贷:累计盈余 1 715

(2)预算会计：

借:事业支出——财政拨款支出 26 902

　　贷:资金结存——货币资金 26 902

【案例分析】

(1)上述会计处理中的其他应付款 26 902.00 元,在 2018 年末属于已列支出未付款,故在财务会计上,应在衔接时进行调增,对预算会计而言,相当于此笔业务未曾发生。

(2)在 2019 年实际付款时,按实际结算金额为 25 185 元,差额为 1 715 元,这是本案例的关键所在,从上述会计处理看仅按实际发生调整了财务会计业务,虽然涉及累计盈余的调整,但因为未发生现金支出,故预算会计不需作账务处理。

(3)本案例的难点是以前年度盈余调整,因调整的是上年度业务,不能直接增加结余,需要通过"以前年度盈余调整"科目进行过渡。

二、实务处理

【例 5—2】 文物文化类资产业务

【资料】

浙江某省立博物馆 2019 年 5 月发生如下经济业务:(附相关"双基础"会计处理)

(1) 购买某文物文化资产 500 万元,已验收入库,相关税费及可归属于该项目资产达到预定用途前所发生其他支出 1 万元,财政直接支付款项完毕。

经济业务事项	财务会计分录	预算会计分录
外购某文物文化资产	借:文物文化资产 5 010 000 贷:财政拨款收入 5 010 000	借:事业支出 5 010 000 贷:财政拨款预算收入 5 010 000

(2) 接受杭州市某单位无偿调入的文物文化资产,调出方账面价值 10 万元。调入时发生相关费用 1 000 元,财政授权支付完毕。

经济业务事项	财务会计分录	预算会计分录
接受某单位无偿调入的文物文化资产	借:文物文化资产 101 000 贷:无偿调拨净资产 100 000 零余额账户用款额度 1 000	借:其他支出 1 000 贷:资金结存——零余额账户用款额度 1 000

(3) 无偿调入的某文物文化资产成本无法可靠取得,调入方发生相关费用 2 000 元,银行存款支付完毕。

经济业务事项	财务会计分录	预算会计分录
接受无偿调入的文物文化资产成本无法可靠取得	借:其他费用 2 000 贷:银行存款 2 000	借:其他支出 2 000 贷:资金结存——货币资金 2 000

(4) 接受社会捐赠的某文物文化资产,确定的成本为5万元,发生运输费500元,银行存款支付完毕。

经济业务事项	财务会计分录	预算会计分录
接受捐赠的某文物文化资产	借:文物文化资产 50 500 贷:捐赠收入 50 000 银行存款 500	借:其他支出 500 贷:资金结存——货币资金 500

(5)接受捐赠的某文物文化资产成本无法可靠取得的,发生的相关税费、运输费等为1 000元,财政授权支付完毕。

经济业务事项	财务会计分录	预算会计分录
接受捐赠的某文物文化资产成本无法可靠取得的	借:其他费用 1 000 贷:零余额账户用款额度 1 000	借:其他支出 1 000 贷:资金结存——零余额账户用款额度 1 000

注:对于成本无法可靠取得的文物文化资产,单位应当设置备查簿进行登记,待成本能够可靠确定后按照规定及时入账。

(6)报经批准对外捐赠文物文化资产,账面余额10万元,本单位承担相关费用900元,财政授权支付完毕。

经济业务事项	财务会计分录	预算会计分录
对外捐赠文物文化资产	借:资产处置费用 100 900 贷:文物文化资产 100 000 ——零余额账户用款额度 900	借:其他支出 900 贷:资金结存——零余额账户用款额度 900

(7)报经批准无偿调出文物文化资产账面余额5万元,本单位银行支付相关费用500元。

经济业务事项	财务会计分录	预算会计分录
无偿调出文物文化资产	借：无偿调拨净资产　50 000 　贷：文物文化资产　50 000 同时： 借：资产处置费用　500 　贷：银行存款　500	借：其他支出　500 　贷：资金结存——货币资金　500

(8)年末，单位对文物文化资产进行清查盘点，盘盈文物一件，评估价 4 000 元，盘亏文物一件，账面余额 2 000 元。

经济业务事项	财务会计分录	预算会计分录
盘盈时	借：文物文化资产　4 000 　贷：待处理财产损溢　4 000	—
盘亏、毁损、报废时	借：待处理财产损溢　2 000 　贷：文物文化资产　2 000	—

【例 5—3】 受托代理资产和受托代理负债业务

【资料】

2019 年 7 月，浙江省某事业单位发生以下各项受托代理资产和受托代理负债业务(附相关“双基础”会计处理)：

(1) 该单位接受委托人委托需要转赠给受赠人的物资，票据列明成本为 10 000 元，物资验收入库。

经济业务事项	财务会计分录	预算会计分录
接受委托人委托需要转赠给受赠人的物资	借：受托代理资产　10 000 　贷：受托代理负债　10 000	—

(2) 受托协议约定由受托方承担相关税费、运输费 500 元，财政授权支付方式支付完毕。

经济业务事项	财务会计分录	预算会计分录
受托协议约定由受托方承担相关税费、运输费的	借:其他费用 500 贷:零余额账户用款额度 500	借:其他支出 500 贷:资金结存——零余额账户用款额度 500

(3)将受托转赠物资交付受赠人。

经济业务事项	财务会计分录	预算会计分录
将受托转赠物资交付受赠人时	借:受托代理负债 10 000 贷:受托代理资产 10 000	—

(4)若转赠物资的委托人取消了对捐赠物资的转赠要求,且不再收回捐赠物资的,将转赠物资转为单位的存货。

经济业务事项	财务会计分录	预算会计分录
转赠物资的委托人取消了对捐赠物资的转赠要求,且不再收回捐赠物资的	借:受托代理负债 10 000 贷:受托代理资产 10 000 同时: 借:库存物品 10 000 贷:其他收入 10 000	—

(5) 接受委托人委托存储保管B物资,有关凭据注明的金额20 000元,物资验收入库。

经济业务事项	财务会计分录	预算会计分录
接受委托人委托储存保管的物资	借:受托代理资产 20 000 贷:受托代理负债 20 000	—

(6) 发生由受托单位承担的与受托存储保管的B物资相关的运输费、保管费等费用1 000元,财政直接支付完毕。

经济业务事项	财务会计分录	预算会计分录
支付由受托单位承担的与受托储存保管的物资相关的运输费、保管费等	借:其他费用 1 000 贷:财政拨款收入 1 000	借:其他支出 1 000 贷:财政拨款预算收入 1 000

(7) 根据委托人要求交付或发出受托存储保管的B物资。

经济业务事项	财务会计分录	预算会计分录
根据委托人要求交付受托储存保管的物资时	借:受托代理负债 20 000 贷:受托代理资产 20 000	—

【例 5—4】 "公立医院收入业务"

【资料】

2019 年 12 月,浙江某省立医院发生以下收入类经济业务:(1)住院收费室报来 12 月住院收入汇总月报表,医疗收入 5 468 万元(收入明细不再列出),同时交来现金 2 万元,农行进账单 5 111 万元,住院病人王某欠费 5 万元,市医保局欠费 350 万元。(2)市财政局直接支付医疗业务活动及其辅助人员 12 月份财政差额补助部分人员工资 350 万元,医院用自筹资金支付医疗业务活动及其辅助人员工资 400 万元、行政及后勤人员工资 200 万元(开具转账支票由农行代发),根据代理银行转来的《财政直接支付入账通知书》及银行盖章的工资发放明细表进行账务处理。(3)承担省医科大学全科医师培训教学项目,农行已收到该项目培训经费 10 万元,资金已到账;市卫计委拨入名医工作室经费 6 万元已到账。(4)本月接受药品公司捐赠药品一批(已验收入库),价值 10 万元;收到开户银行农行转来利息入账通知书 2 万元;收到当月门面租金 15 万元,已存入农行;收到进修人员现金培训 3 万元。

【问题】

1. 该公立医院应如何按权责发生制进行相关财务会计处理?
2. 该公立医院应如何按收付实现制进行相关预算会计处理?

1. 财务会计处理如下(单位:万元):

(1)确认医疗收入:

借:库存现金　2

　银行存款——农行　5 111

　其他应收款——王某　5

　应收账款——市医保局　350

　贷:事业收入——医疗收入——住院收入(明细科目略)　5 468

注:"住院收入"下各明细科目及其金额不再列出,医院需要在"住院收入"科目下按照收入类别设置明细科目进行核算。

(2)支付人员工资:

借:业务活动费用——工资福利支出　750

　单位管理费用——工资福利支出　200

　贷:应付职工薪酬——基本工资　950

借:应付职工薪酬——基本工资　950

　贷:财政拨款收入——基本支出　350

　　银行存款——农行　600

(3)收到非财政拨款经费:

借:银行存款——农行　16

　贷:事业收入——科教项目收入　10

　　上级补助收入——名医工作室　6

(4)接受捐赠、利息、租金等收入

借:库存物品——药品　10

　银行存款——农行　17

　库存现金　3

　贷:捐赠收入——药品　10

　　利息收入——农行　2

　　租金收入——门面租金　15

　　其他收入——培训费　3

期末,将以上各类收入、费用科目发生额转入"本期盈余":

借:事业收入——医疗收入(明细科目略) 5 468

事业收入——科教项目收入 10

财政拨款收入——基本支出 350

上级补助收入——名医工作室 6

捐赠收入——药品 10

利息收入——农行 2

租金收入——门面租金 15

其他收入——培训费 3

贷:本期盈余 5 864

借:本期盈余 950

贷:业务活动费用——工资福利支出 750

单位管理费用——工资福利支出 200

年末,结转“本期盈余”:

借:本期盈余 4 914

贷:本年盈余分配 4 914

提取专用基金后,再将“本年盈余分配”转入“累计盈余”:

借:本年盈余分配 4 914

贷:累计盈余 4 914

2. 预算会计处理如下:

(1)月发生的医疗收入,按照收入类别设置明细科目核算。

借:资金结存——货币资金 5 468

贷:事业预算收入——医疗收入——住院收入 5 468

(2)月发生人员工资支出,按照《政府收支分类科目》中“部门预算支出经济分类科目”的款级进行核算。

借:事业支出(或医疗支出)——基本支出——工资福利支出——基本工资 950

贷:财政拨款预算收入——基本支出——人员经费 350

资金结存——货币资金 600

(3)按补助项目进行明细核算。

借:资金结存——货币资金　　16

　贷:事业预算收入——非同级财政拨款——全科医师培训　　10

　　上级补助预算收入——名医工作室　　6

(4) 其他预算收入,按照收入类别进行核算,接受捐赠的药品预算会计不作账务处理。

借:资金结存——货币资金　　20

　贷:其他预算收入——利息收入　　2

　　其他预算收入——租金收入　　15

　　其他预算收入——其他收入　　3

年末结转:

借:事业预算收入——医疗收入——住院收入　　5 468

　贷:其他结余——本年收支结余　　5 468

借:财政拨款结转——本年收支结转——财政拨款支出　　350

　其他结余——本年收支结余　　600

　贷:事业支出(或医疗支出)——基本支出——工资福利支出——基本工资

　　950

借:财政拨款预算收入——基本支出——人员经费　　350

　贷:财政拨款结转——本年收支结转——财政拨款支出　　350

借:事业预算收入——非同级财政拨款——全科医师培训　　10

　上级补助预算收入——名医工作室　　6

　贷:非财政拨款结转——本年收支结转　　16

借:其他预算收入(明细科目略)　　20

　贷:其他结余——本年收支结余　　20

年末,冲销“非财政拨款结转”明细科目余额,贷方余额 16 万元为医院结存的非财政拨款专项资金。

借:非财政拨款结转——本年收支结转　　16

　贷:非财政拨款结转——累计结转　　16

年末,将“其他结余”贷方余额转入结余分配:

借:其他结余——本年收支结余　　4 888

贷:非财政拨款结余分配　　4 888

医院按照相关规定提取专用基金后,再转入累计结余:

借:非财政拨款结余分配　　4 888

贷:非财政拨款结余——累计结余　　4 888

注:年末结转后,预算会计"资金结存"科目 4 904 万元(其中:"非财政拨款结余——累计结余"科目 4 888 万元,"非财政拨款结转——累计结转"科目 16 万元),与财务会计"累计盈余"科目 4 914 万元差额 10 万元为接受捐赠药品价值,反映出本期盈余数与预算结余数之间的差异,揭示了财务会计与预算会计的内在区别与联系,需要编制"本期预算结余与本期盈余差异调节表"反映,以下费用类核算差额同理。

三、思考训练

5.3　无形资产业务

【资料】

2019 年 1 月 3 日,甲行政事业单位与乙软件公司签订合同,委托乙公司开发一套用于专业业务活动的业务管理系统。合同约定,自合同签订后 10 日内甲单位预付开发费用 100 万元,开发完交付使用后甲单位支付剩余开发费用 100 万元。

1 月 10 日,甲单位以银行存款支付了 100 万元预付费用。

6 月 10 日,软件开发完成交付使用,甲单位以财政授权支付方式支付剩余开发费用 100 万元。

2019 年 8 月 10 日,甲单位请乙软件公司对上线的业务管理系统进行维护,以银行存款向乙公司支付劳务费 0.5 万元。

2019 年 9 月 10 日,甲单位请乙软件公司在已上线的业务管理系统中再开发两个功能模块,约定开发完成交付使用后一次性支付开发费用 40 万元。新模块开发期间,原有功能继续使用。

12 月 10 日,新开发的功能模块交付使用,甲单位以银行存款支付了 40 万元。

【问题思考】

1. 甲行政事业单位对该项无形资产业务应作如何会计处理?

2. 假设该无形资产预计可以使用 10 年,采用年限平均法按月摊销,不考虑净残值,每月应该如何摊销处理?

5.4　财政拨款收入及应付款项业务

【资料】

2018 年 12 月,某行政单位财政直接支付预算指标数为 1 000 000 元,当年财政直接支付实际支出数为 800 000 元。

2019 年 2 月,该行政单位使用以前年度财政直接支付额度 30 000 元,购买办公用品。

5 月 1 日,使用以前年度财政直接支付额度 5 000 元印刷费。5 月 8 日,购买一台专用设备,验收入库,款项 3 000 元,尚未支付。

7 月 11 日,偿付 5 月 8 日购买专用设备款项 3 000 元,财政授权支付完毕。

9 月 10 日,某基建项目已完成工程进度,但尚未付款,款项 20 万元。

11 月 30 日,通过银行支付工程进度欠款 20 万元。

【要求】

分别为该行政事业单位发生的财政拨款收入及应付款项业务作相关会计处理。

5.5　公立医院费用业务

【资料】

2019 年 12 月,某市级医院发生有关经济业务如下:

(1)用自筹经费为从事医疗及其辅助活动人员计提工资 600 万元,行政及后勤人员工资 200 万元,计提福利费 20 万元(其中:医疗及其辅助人员 15 万元,行政及后勤人员 5 万元),计提社会保障费 224 万元(其中:医疗及其辅助人员 168 万元,行政及后勤人员 56 万元),已通过农业银行发放,按规定代扣代交个人所得税 33 万元。

(2)为开展医疗业务活动领用药品 180 万元,领用卫生材料 110 万元,计提医疗风险基金 2.1 万元。

(3)设备处报来报表,当月行政管理用固定资产计提折旧 28 万元、无形资产摊销 1.5 万元,医疗服务用固定资产折旧 85 万元、无形资产摊销 1 万元。

(4)收到市财政国库直接支付委托农业银行转来的《财政直接支付入账通知书》,支付购买B超机一台，价值120万元，设备已验收入库并投入使用；使用省级科教项目经费购买教学仪器一台，价值8万元，已收到农业银行转账付款通知。

(5)采用余额百分比法对"应收账款""其他应收款"科目余额按照3%的比例计提坏账准备9万元。

(6)支付第四季度农业银行流动资金贷款利息25万元。

(7)总务处报来当月医疗及辅助部门用电12.8万元，行政后勤部门用电9.2万元，款项已通过农业银行转账支付。

(8)年终盘点，发现中心药房盘亏西药0.8万元，经查其中0.5万元属于药房员工王某操作失误造成，应由王某赔偿，其余0.3万元报经批准作支出处理；盘点时发现由于保管和使用不当损坏呼吸机一台，该设备原值20万元，已计提折旧16万元，报经批准，由责任人李某赔偿2万元，清理费用0.2万元，款项已通过农业银行结算完毕。

(9)因张某违规开大处方、高价药被市物价局罚款10万元，通过农业银行转账支付，已对相关人员进行处理；向对口帮扶的县级医院捐赠药品15万元，相关手续已办理完毕。

【要求】

根据最新政府会计准则，分别为该医院发生的有关业务作相关"双基础"会计处理。

第六章　上市公司信息披露

上市公司披露的信息是资本市场信息的主要组成部分，也是派生其他信息的源泉。财务报告在上市公司信息披露中具有十分重要的地位，它所提供的信息能够较全面地反映公司的财务状况、经营成果和现金流量，以及其他相关的财务信息与非财务信息。

第一节　上市公司信息披露

上市公司信息披露，指凡是影响股东、债权人或潜在投资者等对公司的目前和将来作出理性判断的、进而影响其决策行为的信息，都应公布于众，除了要向公众公开披露与公司财务报告直接相关的信息外，还须披露那些对公司将来的财务状况与经营成果、甚至对公司发展前景产生重要影响的各种信息。

根据上市公司从申请上市获准到上市后持续经营两阶段，其信息披露可分为首次信息披露与持续信息披露。

一、案例分析 1——上市公司首次信息披露

案例 6—1　　　　　　**"卓越新能"首次上市公告书**

【背景资料】

福建龙岩卓越新能源股份有限公司（以下简称"卓越新能"）股票于 2019 年 11 月 21 日在上海证券交易所科创板上市。该公司于 2019 年 11 月 20 日发布首次公开发行股票科创板上市公告书，公告第一节主要内容为有关新股上市初期投资风险特别提示（包括涨跌幅、市盈率、流通股数、融资融券等详细信息）及特别风险提示（包括出口业务、原材料供应、税收优惠政策变动等风险提示的详细信息），并提醒投资者应充分了解股票市场风险以及本公司披露的风险因素，在新股上市初期切忌盲目跟风"炒新"，应当审慎决策、理性

投资。

其中公告有关内容摘要如下：

……

一、新股上市初期投资风险特别提示

本公司提醒广大投资者注意首次公开发行股票上市初期的投资风险，广大投资者应充分了解风险、理性参与新股交易。具体而言，上市初期的风险包括但不限于以下几种：

(一)涨跌幅限制放宽

科创板股票竞价交易设置较宽的涨跌幅限制，首次公开发行上市的股票，上市后的前5个交易日不设涨跌幅限制，其后涨跌幅限制为20%；上海证券交易所主板、深圳证券交易所主板、中小板、创业板在企业上市首日涨幅限制比例为44%，跌幅限制比例为36%，之后涨跌幅限制比例为10%。科创板股票存在股价波动幅度较上海证券交易所主板、深圳证券交易所主板、中小板、创业板更加剧烈的风险。

(二)市盈率处于较高水平

本公司本次发行价格为42.93元/股，此价格对应的市盈率为：

(1)28.86倍(每股收益按照经会计师事务所遵照中国会计准则审计的扣除非经常性损益后的2018年净利润除以本次发行前总股本计算)。

(2)28.90倍(每股收益按照经会计师事务所遵照中国会计准则审计的扣除非经常性损益前的2018年净利润除以本次发行前总股本计算)。

(3)38.48倍(每股收益按照经会计师事务所遵照中国会计准则审计的扣除非经常性损益后的2018年净利润除以本次发行后总股本计算)。

(4)38.54倍(每股收益按照经会计师事务所遵照中国会计准则审计的扣除非经常性损益前的2018年净利润除以本次发行后总股本计算)。

根据中国证监会《上市公司行业分类指引》(2012年修订)，公司所属行业为"C42废弃资源综合利用业"。截至2019年11月6日(T－3日)，中证指数有限公司未发布"C42废弃资源综合利用业"最近一个月平均静态市盈率。发行人一级分类属于制造业，截止到2019年11月6日(T－3日)，中证指数有限公司发布的"制造业"最近一个月平均静态市盈率为24.09倍。同时，可比上市公司嘉澳环保(603822)扣非前静态市盈率为31.18倍。

本次发行价格42.93元/股对应的发行市盈率为38.54倍(按扣除非经常性损益前后

净利润的孰低额和发行后总股本全面摊薄计算)，高于中证指数有限公司发布的行业最近一个月平均静态市盈率，高于可比公司静态市盈率，存在未来股价下跌给投资者带来损失的风险。

(三)流通股数较少

上市初期因原始股东的股份锁定期为36个月或12个月，保荐机构跟投股份锁定期为24个月，网下限售股锁定期为6个月，本次发行后本公司的无限售流通股为27 589 792股，占发行后总股数的22.99%。公司上市初期流通股数量较少，存在流动性不足的风险。

(四)融资融券风险

科创板股票上市首日即可作为融资融券标的，因而增加了上市初期被加大杠杆融券卖出导致股价暴跌的风险，而上交所主板市场则要求上市交易超过3个月后可作为融资融券标的。此外，科创板股票交易盘中临时停牌情形和严重异常波动股票核查制度与上交所主板市场规定不同。提请投资者关注相关风险。首次公开发行股票并上市后，除经营和财务状况之外，公司的股票价格还将受到国内外宏观经济形势、行业状况、资本市场走势、市场心理和各类重大突发事件等多方面因素的影响。投资者在考虑投资公司股票时，应预计到前述各类因素可能带来的投资风险，并做出审慎判断。

……

【问题】

1. 上市公司首次信息披露中的财务会计信息部分主要有哪些内容?
2. 评价卓越新能首次上市公告书中的市盈率指标。
3. 结合该公告的投资风险提示，跟踪该公司上市后的股价表现情况。

【案例分析】

1. 上市公司首次信息披露的上市公告书中的财务会计信息部分应包括的内容一般为：股票发行后公司的股本情况；有配售股票时股票的配售数量及其锁定期限；公司的实际控制人、持股情况，发行后的股权结构及十大股东的持股情况；经注册会计师验资后的募集资金数额、发行费用，全面摊薄后的每股净资产、每股收益情况；还附有上市保荐人及其意见等。

2. 市盈率指标是反映一家公司的股价与其每股盈利的关系，市盈率越高，反映股价过高，预示投资风险越大。根据卓越新能提供的首次上市公告书中的市盈率指标表述：市盈率处于较高水平。本公司本次发行价格为 42.93 元/股，此价格对应的市盈率为 38.54 倍（按扣除非经常性损益前后净利润的孰低额和发行后总股本全面摊薄计算），高于中证指数有限公司发布的行业最近一个月平均静态市盈率，高于可比公司静态市盈率，存在未来股价下跌给投资者带来损失的风险。

如上，卓越新能上市前的市盈率就高过可比同行业平均指数，可见，该公司的股价估值过高，其实已预示了未来的股价有下跌风险。

3. 跟踪该公司上市后的股价走势：2019 年 11 月 26 日，据《证券时报》报道：近期科创板股票上市几乎出现集体性的低迷态势。卓越新能、久日新材、奥福环保等多只科创板新股上市首日开盘涨幅不足 30%，卓越新能开盘涨幅更是低至不足 10%。

《证券时报》数据宝统计显示，在 2019 年上市的 170 多只新股中，已经有 10 只新股惨遭破发，其中有 6 只属于科创板股票。最近一只上市后破发的新股为卓越新能，该股 11 月 21 日首发上市，发行价每股 42.93 元，上市首日涨幅不足 20%，上市第二个交易日大跌 11.19%，第三个交易日大跌 8.83%，已破发超 4%。

可见，卓越新能的首次上市公告书中的投资风险提示还是提前给予了投资者预警信息，起到了帮助广大投资者充分了解风险、理性参与新股交易的作用。

案例分析 2——上市公司持续信息披露

案例 6—2　业绩预告

【背景资料】

重药控股股份有限公司（000950）是在深圳证券交易所上市的，该公司成立于 1999 年，2005 年经重组转型后，现已发展成为集研发、生产、销售、服务及贸易于一体的大型化肥化工生产经营企业，主要从事药品与医疗器械的批发和零售。2019 年 10 月 15 日，重药控股发布了 2019 年三季度业绩预告。

证券代码:000950　　证券简称:重药控股　　公告编号:2019—088

重药控股股份有限公司
2019 年三季度业绩预告

> 本公司及董事会全体成员保证信息披露的内容真实、准确、完整,没有虚假记载、误导性陈述或重大遗漏。

一、本期业绩预计情况

1. 业绩预告期间:2019 年 1 月 1 日至 9 月 30 日

2. 预计的经营业绩:□亏损　□扭亏为盈　☑同向上升　□同向下降

业绩预告区间为:

项　目	本报告期	上年同期
归属于上市公司股东的净利润	盈利:63 000 万元—66 000 万元	盈利:44 800.85 万元
	比上年同期增长:40.62%—47.32%	
基本每股收益	盈利:0.36 元/股—0.38 元/股	盈利:0.26 元/股

其中,2019 年第三季度(2019 年 7 月 1 日至 2019 年 9 月 30 日)业绩预计情况:

项　目	本报告期	上年同期
归属于上市公司股东的净利润	盈利:16 670.19 万元—19 670.19 万元	盈利:13 851.79 万元
	比上年同期增长:20.35%—42.00%	
基本每股收益	盈利:约 0.10—0.11 元	盈利:0.08 元

注:上年同期披露数为公司已披露的 2018 年第三季度财务数据。

二、业绩预告预审计情况

本次业绩预告未经过注册会计师预审计。

三、业绩变动原因说明

本报告期业绩同比上升,主要原因:1. 本公司自 2019 年 1 月 1 日起适用新金融工具准则,信用减值损失的计提政策、金融资产的计量属性等均有所调整;2. 联营企业效益增长,本公司确认的投资收益相应增加;3. 区县公司和市外公司本期收入增长显著,利润相应增长。

四、其他相关说明

本次业绩预告是公司初步测算结果，具体财务数据将在公司 2019 年三季度报告中详细披露，敬请投资者注意投资风险。

特此公告

重药控股股份有限公司董事会
2019 年 10 月 15 日

【问题】

1. 阐述上市公司发布业绩预告的目的意义。

2. 跟踪重药控股后期发布的实际 2019 年三季报，与业绩预告作比较分析。

【案例分析】

1. 上市公司的业绩预告是管理层在年度报告正式报出前披露的盈余预测信息，具有信号传递功能。准确的业绩预告会向市场传递出公司经营状况良好、治理水平较高、管理层值得信赖的信号，影响审计师的风险评估结果。反之，不准确、偏差较大的业绩预告则会引起市场参与者的负面反应，向审计师传递出消极的信号。由于业绩预告是未经审计的主观预测信息，必然会与业绩实际值存在不同程度的差异，而造成差异的原因与公司的固有风险或控制风险有关。

不同上市公司的业绩预告会给投资者带来不同影响结果。

2. 2019 年 10 月 24 日，重药控股(000950)发布 2019 年第三季度报告，其中有关财务数据：本报告期营业收入 8 958 359 706.41 元，同比增长 41.77%；归属于上市公司股东的净利润 181 841 049.06 元，同比增长 31.28%。

2019 年初至报告期末：营业收入为 25 164 220 757.58 元，比上年同期增长 36.53%；归属于上市公司股东的净利润为 645 139 121.69 元，比上年同期增长 44.00%。

公告显示，本报告期末：总资产为 24 969 633 836.34 元，比上年度末增长 24.14%。

2019 年初至报告期末经营活动产生的现金流量净额为－1 750 103 790.99 元；基本每股收益为 0.1 元/股。

据了解，报告期内财务费用比上年同期增长 102.09%，主要原因是销售收入不断增长,补充运营资金需求不断增加,带息负债和财务费用相应增长。

通过对重药控股 2019 年三季度季报的有关项目财务数据与其业绩预告比较可见,该公司的归属于上市公司股东的净利润比上年同期增长数还是在其业绩预期的范围之内,说明该公司的业绩预告准确可靠,及时向市场传递出公司经营状况良好、稳步增长的发展趋势的信号,给投资者提供了有参考价值的决策依据。

案例 6—3 “丰原药业”年报补充说明

【背景资料】

安徽丰原药业股份有限公司(000153)(简称“丰原药业”)是安徽省规模最大的国有控股医药企业,国家认定的高新技术企业、安徽省百强企业、安徽省医药行业首家上市公司,2006 年被授予全国“百姓放心药品牌”,公司总资产 12 亿余元,员工近 5 000 人,2007 年、2008 年、2009 年连续三年荣膺中国制药工业百强。“丰原药业”旗下拥有 5 家制药企业、2 家药包材生产企业、4 家医药营销公司、1 家大药房连锁公司、2 家参股公司,44 条通过 GMP 认证的生产线。产品涉及生物制药、化学制药、中成药三大领域。

2017 年 4 月 27 日“丰原药业”发布公告“关于 2016 年度同一控制下企业合并调整比较报表的说明”,有关内容如下:

安徽丰原药业股份有限公司(以下简称“公司”或“本公司”)对同一控制下企业合并追溯调整 2016 年度期初数及上年同期数相关情况说明如下:

一、同一控制下企业合并的基本情况及调整比较报表的原因

根据本公司 2016 年 3 月 28 日召开的 2016 年第二次临时股东大会通过的《关于收购淮南泰复制药有限公司 100%股权的议案》,安徽丰原集团有限公司(以下简称“丰原集团”)将所持有的淮南泰复制药有限公司(以下简称“淮南泰复”)100%的股权转让给本公司,转让总价格为人民币 4 198.64 万元,本公司已于 2016 年 3 月 29 日支付了股权转让款,并于 2016 年 4 月 22 日办理完成工商变更手续。上述股权收购完成后,淮南泰复成为本公司全资子公司,纳入合并报表范围。本公司与淮南泰复在合并前后均受丰原集团控制且该控制并非暂时性的,因此本公司对上述淮南泰复的合并为同一控制下企业合并,同一控制的实际控制人为李荣杰。根据《企业会计准则第 2 号——长期股权投资》《企业会计准则第 20 号——企业合并》《会计准则案例讲解(2016)》等相关规定,对于同一控制下

的控股合并,应视同合并后形成的报告主体自最终控制方开始实施控制时一直是一体化存续下来的,体现在其合并财务报表上,即由合并后形成的母子公司构成的报告主体,无论是其资产规模还是其经营成果都应持续计算;编制合并财务报表时,无论该项合并发生在报告期的任一时点,合并利润表、合并现金流量表均反映的是由母子公司构成的报告主体自合并当期期初至合并日实现的损益及现金流量情况,相应地,合并资产负债表的留存收益项目,应当反映母子公司如果一直作为一个整体运行至合并日应实现的盈余公积和未分配利润的情况;对于同一控制下的控股合并,在合并当期编制合并财务报表时,应当对合并资产负债表的期初数进行调整,同时应当对比较报表的相关项目进行调整,视同合并后的报告主体在以前期间一直存在。

二、对比较报表财务状况和经营成果的影响

1. 上述合并报表范围变化对股东权益项目的累积影响数:

表 6-1　　金额单位:元

2016 年 1 月 1 日 股东权益	追溯调整后	追溯调整前	影　响
股本	312 141 230.00	312 141 230.00	
资本公积	523 825 882.93	491 041 313.81	32 784 569.12
其他综合收益	70 476 011.53	70 476 011.53	
盈余公积	27 041 674.60	27 041 674.60	
未分配利润	232 078 983.91	249 978 578.08	−17 899 594.17
归属于母公司股东权益	1 165 563 782.97	1 150 678 808.02	14 884 974.95
少数股东权益	33 565 242.53	33 565 242.53	
股东权益合计	1 199 129 025.50	1 184 244 050.55	14 884 974.95

2. 上述合并报表范围变化对 2015 年度合并利润表项目的影响:

表 6-2　　金额单位:元

项　目	追溯调整后	追溯调整前	影　响
营业收入	1 569 410 007.38	1 554 294 538.94	15 115 468.44
营业成本	1 143 631 268.86	1 136 693 916.15	6 937 352.71
营业税金及附加	8 911 148.78	8 696 300.40	214 848.38
销售费用	205 348 438.22	204 518 728.28	829 709.94

续表

项 目	追溯调整后	追溯调整前	影 响
管理费用	147 166 144.66	144 022 745.89	3 143 398.77
财务费用	30 582 758.51	30 377 912.22	204 846.29
资产减值损失	6 687 562.24	6 689 957.23	−2 394.99
投资收益	6 934 311.90	6 934 311.90	
营业利润	34 016 998.01	30 229 290.67	3 787 707.34
营业外收入	12 319 824.26	12 308 223.59	11 600.67
营业外支出	468 170.40	467 488.57	681.83
利润总额	45 868 651.87	42 070 025.69	3 798 626.18
所得税费用	11 610 746.09	10 602 185.07	1 008 561.02
净利润	34 257 905.78	31 467 840.62	2 790 065.16
其中:			
归属于母公司股东的净利润	35 179 622.37	32 389 557.21	2 790 065.16
少数股东损益	−921 716.59	−921 716.59	
每股收益			
(一)基本每股收益	0.112 7	0.103 8	0.008 9
(二)稀释每股收益	0.112 7	0.103 8	0.008 9

3. 上述合并报表范围变化对2015年度合并现金流量表项目的影响:

表6—3

金额单位:元

项 目	追溯调整后	追溯调整前	影 响
经营活动产生的现金流量净额	60 754 106.45	45 498 599.32	15 255 507.13
投资活动产生的现金流量净额	−57 443 156.84	−43 382 782.84	−14 060 374.00
筹资活动产生的现金流量净额	−9 969 337.64	−9 467 651.57	−501 686.07
现金及现金等价物净增加额	−6 603 434.26	−7 296 881.32	693 447.06

三、董事会关于追溯调整2016年度期初数及上年同期数合理性的说明

公司董事会认为:公司收购淮南泰复100%股权,符合《企业会计准则》及其相关指南、解释等关于同一控制下企业合并的规定,公司按规定对可比期间财务报表进行追溯

调整，是对公司经营状况的客观反映，我们同意本次追溯调整。

……(以下略)

【问题】

1. 丰原药业该项公告属于哪类上市公司信息披露？充分性如何？

2. 丰原药业公司收购淮南泰复100%股权的定价具有客观、公允性吗？

3. 如确定上述合并性质，应采用何种计量模式进行会计处理？

【案例分析】

1. 丰原药业该项公告属于上市公司持续信息披露中的年度财务报告的补充说明，从该公司披露的文字信息及不同财务报表追溯调整比较数据看，还是较详细、充分的。

2. 由于丰原药业与淮南泰复同属于一家母公司，在一家母公司控制的情况下收购淮南泰复100%股权业务的定价很难具有客观、公允性。

3. 根据我国企业合并的会计准则的有关规定：同一控制下的企业合并应采用权益结合法进行会计处理，即按照账面价值计量。

二、实务处理——年报披露

【例6—1】 稀释每股收益

【资料】

创智公司是一家科技板块上市公司，经营高新科技产品研发业务，2017年度该公司归属于普通股股东的净利润为3 200万元，发行在外的普通股加权平均数为8 000万股，该普通股平均每股市场价格为12元。2017年1月1日，该公司对外发行2 000万份认股权证，行权日为2018年3月1日，每份认股权证可以在行权日以6元的价格认购本公司1股新发的股份。

【要求】

根据上述公司数据，计算该公司当年基本每股收益及稀释后的每股收益。

【实务处理】

$$基本每股收益=\frac{归属于普通股股东的当期净利润}{当期实际发行在外普通股的加权平均数}$$

$=3\ 200/8\ 000=0.4$(元/股)

调整增加的普通股股数＝拟行权时转换的普通股股数－行权价格×拟行权时转换的普通股股数÷当期普通股平均市场价格

$=2\ 000-2\ 000\times6/12=1\ 000$(万股)

稀释每股收益$=3\ 200/(8\ 000+1\ 000)=0.36$(元/股)

【例6—2】 非经常性项目调整

【资料】

某上市公司2018年度年末实现的账面净利润为7 500万元,年末的净资产总额为23 500万元。该公司的账面记录有如表6—4所示的经济事项。

表6—4 单位:万元

非经常性损益项目(所登记的账户)	金　额
处置固定资产收益(营业外收入)	145
处置无形资产损失(营业外支出)	30
三年以上的应收账款数额(应收账款)	158
未摊销长期待摊费用(长期待摊费用)	270
以长期投资进行交换收益(投资收益)	120
因遭受自然灾害而计提固定资产减值损失(资产减值损失)	60
除上述各项之外的其他营业外收支净额(营业外支出)	193

【要求】

根据上述数据计算该公司2018年年报中扣除非经常性项目后的净利润及调整后净资产总额。

【实务处理】

(1)扣除非经常性项目后的净利润

=7 500−(145−30+158−270+120−60−193)

=7 370(万元)

(2)调整后的净资产总额

=年度末股东权益−三年以上的应收款项净额−长期待摊费用

=23 500−158−270

=23 072(万元)

三、思考训练

6.1　上市公司的首次信息披露

【资料】

中国邮政储蓄银行股份有限公司(股票代码601658)于2019年12月10日在上海证券交易所上市,其A股发行价格为5.5元/股,该公司主要经营范围包括:吸收公众存款;发放短期、中期、长期贷款;办理国内外结算;办理票据承兑和贴现;发行金融债券;代理发行、代理兑付、承销政府债券;买卖政府债券、金融债券;从事同业拆借;买卖、代理买卖外汇;从事银行卡业务;提供信用证服务及担保;代理收付款项及代理保险业务;提供保险箱服务;经中国银行业监督管理机构等监管部门批准的其他业务。

2019年12月9日,该公司发布了"邮储银行首次公开发行股票上市公告书",其中有关财务信息内容摘要如下:

---

*　发行后每股净资产。在未考虑本次A股发行的超额配售选择权情况下,本次发行后每股净资产,上市公告书为5.49元;

*　发行后每股收益。在未考虑本次A股发行的超额配售选择权情况下,本次发行后每股收益为0.58元;

*　发行后市盈率。在未考虑本次A股发行的超额配售选择权情况下,本次发行后市盈率为9.50倍。

……

经营情况和财务状况的简要说明:

本行资产状况良好,保持稳定增长态势。截至2019年9月30日,本行资产总额为101 105.24亿元,较2018年末增长6.25%,归属于银行股东权益为5 106.30亿元,较

2018年末增长7.64%。本行主营业务持续稳定发展。2019年1—9月，本行实现营业收入2 103.65亿元，较上年同期增长7.13%；2019年1—9月，归属于银行股东的扣除非经常性损益后的净利润为531.53亿元，较上年同期增长10.41%。截至本上市公告书签署日，本行总体经营情况良好，经营模式和营业收入情况稳定，未发生重大不利变化。结合行业发展趋势及本行实际经营情况，预计本行2019年全年的营业收入为2 766.55亿元至2 792.65亿元，同比增长幅度约为6.00%至7.00%；归属于银行股东的净利润为606.81亿元至617.27亿元，同比增长幅度约为16.00%至18.00%；归属于公司普通股股东的净利润为581.80亿元至592.26亿元，同比增长幅度约为16.55%至18.64%；扣除非经常性损益后归属于公司普通股股东的净利润为569.39亿元至580.22亿元，同比增长幅度约为10.40%至12.50%。

上述2019年全年业绩预计中的相关财务数据为本行初步测算结果，未经审计机构审计，预计数不代表本行最终可实现收入和净利润，亦不构成本行盈利预测，故请广大投资者注意投资风险。

……

【问题思考】

1. 根据邮储银行首次公开发行股票上市公告书的有关信息，判断该公司股票发行价的合理性。

2. 收集与邮储银行同类上市公司的有关行业指数信息，评价该公司股票质量。

6.2　上市公司的持续信息披露

【资料】

某上市公司2017年4月发布了本年度第一季度财务报表(未经审计)，其中披露的主要财务数据如表6—5所示：

表6—5　　单位：元；币种：人民币

	本报告期末	上年度末	本报告期末比上年度末增减(%)
总资产	2 460 452 445.56	2 607 181 366.42	−5.63

续表

	本报告期末	上年度末	本报告期末比上年度末增减(%)
归属于上市公司股东的净资产	1 764 114 233.33	1 793 223 808.05	—1.62
	年初至报告期末	上年初至上年报告期末	比上年同期增减(%)
经营活动产生的现金流量净额	93 655 198.53	—2 526 540.61	不适用
	不适用年初至报告期末	上年初至上年报告期末	比上年同期增减(%)
营业收入	59 241 033.13	166 209 353.44	—64.36
归属于上市公司股东的净利润	—28 941 747.40	678 874.82	—4 363.19
归属于上市公司股东的扣除非经常性损益的净利润	—29 338 332.78	665 192.79	—4 510.50
加权平均净资产收益率(%)	—0.02	0.06	减少0.08个百分点
基本每股收益(元/股)	—0.06	0.002	—3 100.00
稀释每股收益(元/股)	—0.06	0.002	—3 100.00

【问题思考】

1. 从该公司2017年3季度报表主要财务数据大致判断其经营状况。

2. 该公司本报告期末经营活动产生的现金流量净额比上年同期大幅增加，而销售收入及净利润大幅下降，你认为可能的原因是什么？

第二节　财务报表综合分析

财务报告信息是上市公司会计信息披露的主要内容，为加强上市公司信息披露监管需要，合并财务报表越来越成为集团化企业必须通过的公共产品和财务报表使用者进行决策的不可替代的信息源。通过对上市公司提供的财务报表信息进行深入分析比较，以综合评价企业的财务状况、经营成果及现金流量等。

一、案例分析

案例 6—4　财务信息综合分析

【背景资料】

高博电信科技股份有限公司是一家高科技上市公司，主要从事各类通信设备系统、各类通信终端、计算机软硬件、系统集成等业务；微电子元器件的开发、生产、销售等业务。近年来，由于电信产品行业市场竞争日趋激烈，该公司亦面临经营压力，公司管理层不断调整经营策略，加强相关领域的科技产品的研发，积极开拓市场，使公司近两年经营盈利有所提升，但经营活动现金流却始终为负数，故很难通过现金分红形式给投资者以回报。公司管理层为此困惑，希望财务部门能通过财务报表有关信息找到根源，为下年公司决策提供依据。

下面是高博公司 2016 年与 2017 年的现金流量表（补充资料部分）。

表 6—6　比较现金流量表(补充资料)　单位：元

报告期	2017 年 12 月 31 日	2016 年 12 月 31 日
报表类型	合并报表	合并报表
净利润	70 734 617.12	151 222 380.69
资产减值准备	46 856 574.47	39 533 341.96
固定资产折旧、油气资产折耗、生产性物资折旧	43 401 672.27	54 882 292.68
无形资产摊销	68 485 402.13	53 562 583.68
长期待摊费用摊销	2 325 106.17	2 170 202.67
处置固定资产、无形资产和其他长期资产的损失	—14 407 074.82	—1 958 459.25
固定资产报废损失	0.00	0.00
公允价值变动损失	0.00	0.00
财务费用	141 248 673.25	91 461 276.77
投资损失	—7 443 241.41	—13 954 850.22
递延所得税资产减少	—7 824 281.70	—1 998 049.49
递延所得税负债增加	0.00	0.00
存货的减少	—60 472 525.31	—213 657 760.69

续表

报告期	2017 年 12 月 31 日	2016 年 12 月 31 日
经营性应收项目的减少	−582 587 965.10	−350 966 611.52
经营性应付项目的增加	−75 231 983.43	172 710 665.98
其他	0.00	0.00
经营活动产生现金流量净额	−374 915 026.36	−16 992 986.74

【问题】

1. 如何利用上市公司信息披露中的财务信息分析评价公司?

2. 从高博公司的现金流量表补充资料中,你能得到该公司的哪些财务信息?

【案例分析】

1. 上市公司信息披露提供的财务会计报告,主要包括三张报表:利润表、资产负债表、现金流量表。其中的利润表中会列出营业费用、管理费用、财务费用(即通常所说的三费)。通过财务报表上三费数据比较分析,可以考察出公司的内部管理能力,也可以把三费的同比变化与公司的净利润增长率加以对比,如三费的增幅高于净利润的增幅则说明公司的管理尚待加强。

会计信息使用者可以先看财务报告的“会计数据摘要”部分。在其中可以看到最常用的每股收益、每股净资产、净资产收益率等指标。通过对以上数据的比较分析可以看出公司的基本盈利能力。在这些数据中有一项“每股经营活动所产生的现金流量净额”,这一指标信息使用者应高度重视,它可以体现出公司在经营过程中是否真的赚到了利润。现在市场有很多绩优公司不但不给投资者分红反而每每提出融资方案。仔细考察的话,这种公司的该项指标往往和每股收益相去甚远,也就是说有时公司只是纸上富贵,实现的收入并没有相应的现金流入(基于权责发生制),利润中的水分很大。

另外,在财务报告的“公司财务状况”部分,可以看到主营业务利润、净利润总额的同比增长率,通过分析比较可从中看出公司的发展趋势。

2. 从高博公司 2016 年和 2017 年的比较财务报表上,我们至少可以分析得到以下财务信息:

(1)该公司 2016 与 2017 年都取得了盈利,但是经营活动的现金流量却为负数,两年净利润与经营活动现金流量之间都相差甚远，差额都上亿元，如此大的背离，说明企业可能一方面非付现成本与非收入性现金流入比例较小，也可能非费用性现金流出比例较大。

(2)非付现成本中主要有计提的资产减值准备、固定资产折旧、无形资产摊销等，三者都对将净利润调整为经营活动的现金流量起到了促进作用。

(3)经营性应收项目在2016与2017年巨额增长，是形成两年经营活动现金净流入为负数的"罪魁祸首"，若不考虑该因素的影响，两年的净现金则能"扭转乾坤"，变为正数。这主要是销售规模扩大、产品周期及客户结构变化所致。

(4)经营性应付款在2016年有较大的增长，说明当年企业的经营性拖欠款严重，虽然有助于经营活动现金流量的增加，但仍不能"力挽狂澜"，另一方面也说明了企业有一定的偿债问题。在此基础上，2017年经营性应付款减少，也在一定程度上导致了现金流的减少。

(5)存货在两年都有较大的增长，尤其是在2016年，如此大比例存货的增长，也是导致现金流量减少的一项主要构成因素。

案例6—5　采用杜邦分析法的综合评价

【背景资料】

罗蒙公司成立于2010年10月，注册资金1 000万元，是专业从事男士西装生产及加工的企业。企业负责人决心狠抓质量，创出能够被社会认可的品牌。公司认为，在开业后的3到5年内，是品牌的文化建设期和市场培育期。一方面，持续加大国际合作交流力度和平台建设，加大对外贸易拓展，调整并增加相关国际国内品牌建设优势资源，形成品牌的资源竞争力，同时加大产品研发并形成国际通行的商品企划制度与周期性，形成品牌的商品竞争力；另一方面，构建一级营销渠道网络，配合旗舰店营销与会员店营销模式建立，增强单店盈利能力，形成品牌的销售竞争力，加快品牌文化建设步伐，深入研究目标人群的生活方式与消费习惯，塑造并传播独有的品牌文化和体验经济，形成品牌的文化竞争力。因此，前几年，企业在品牌建设、市场拓展方面的投入力度很大，但由于销路和价格不能达到预期，因此造成企业连年亏损。直到2017年，企业的品牌战略效果初显，产品销量稳步上升，且当年产生利润。但是目前经营资金困难，近期每天都有上门讨债者。

表6—7是该公司2017年末资产负债表：

表 6—7 资产负债表 单位:元

项　目	2017 年 12 月 31 日	2018 年 12 月 31 日	项　目	2017 年 12 月 31 日	2018 年 12 月 31 日
资产			负债及所有者权益		
货币资金	50 000	95 000	流动负债合计	2 205 000	2 182 000
应收账款	2 035 000	2 310 000	长期负债合计	2 903 500	3 720 000
存货	2 012 000	1 700 000	负债合计	5 108 500	5 902 000
待摊费用	150 000	350 000			
流动资产合计	4 247 000	3 850 000	所有者权益合计	7 146 500	7 220 000
无形资产	450 000	450 000			
固定资产净值	7 558 000	8 822 000			
合　计	12 255 000	13 122 000	合　计	12 255 000	13 122 000

罗蒙公司 2017 年及 2018 年利润表有关数据如表 6—8 所示：

表 6—8 单位:元

项　目	2017 年	2018 年
销售收入	5 930 000	6 320 000
销售成本	2 100 000	2 150 000
销售税金及附加	305 000	335 000
利润总额	3 525 000	3 235 000
管理费用	2 584 000	2 260 500
财务费用	189 200	707 500
净利润	751 800	867 000

另外,该公司 2017 年总资产周转率 0.55 次,应收账款周转率为 3.87 次,存货周转率为 1.11 次,权益乘数 1.71,资产净利率为 6.37%,净资产收益率为 10.89%。

【问题思考】

1. 采用杜邦法进行财务比率分析,评价该公司近年的综合财务状况。

2. 你认为该公司有何优势和劣势？在以后的企业运作上应如何调整？

【案例分析】

1. 财务比率一般分为三种：偿债能力指标、盈利能力指标及营运能力指标。而运用财务比率进行分析通常也有三种方法：比较分析法、趋势分析法及因素分析法。趋势分析法是通过比较两个或多个会计期间的财务比率，对企业在财务各方面的发展情况进行评价。趋势分析法一般用于只有某一个企业的财务数据的情况。比较分析法是将某一企业的财务指标同其他企业或整个行业的指标进行比较，从而对企业的财务状况作出评价。

显然，本案例应主要运用趋势分析法，同时参考因素分析法。利用因素分析法分析销售净利率、总资产周转率和权益乘数变动对净资产收益率的影响，对此方法最方便运用的是杜邦分析法，通过杜邦分析法，能给企业的管理层提供一张考察企业资产管理效率和是否最大化股东投资回报的路线圈，杜邦分析体系对企业来说，不仅可以揭示出企业财务指标的结构关系，查明变动的影响因素，还可以为领导者优化经营状况，提高企业经营效益。不管是对股东还是对企业管理者而言，都非常重要。

罗蒙公司财务比率分析：

(1)偿债能力指标对比：

指标名称	2017 年	2018 年
流动比率	1.93	1.76
资产负债率	0.42	0.44
权益乘数	1.71	1.77

评价：该公司偿债能力从长期来看还在合理范围之内，但是短期偿债能力不够，而且2018 年短期偿债能力更加不足。

(2)应收账款周转率＝6 320 000÷[(2 035 000＋2 310 000)÷2]＝3.30(次)

存货周转率＝2 150 000÷[(2 012 000＋1 700 000)÷2]＝1.16(次)

总资产周转率＝6 320 000÷[(12 255 000＋13 122 000)÷2]＝0.50(次)

指标名称	2017 年	2018 年
应收账款周转率	3.87	3.30

续表

指标名称	2017 年	2018 年
存货周转率	1.11	1.16
总资产周转率	0.55	0.50

评价：从总体上说，企业的经营能力喜忧参半，总资产周转同上年基本持平，应收账款收账速度减缓，但是存货的周转率略有提高，表明销货速度加快。

(3)销售净利率＝867 000÷6 320 000×100％＝13.72％

资产净利率＝22.77％×0.45＝10.24％

净资产收益率＝6.83％×1.77＝18.12％

指标名称	2017 年	2018 年
销售净利率	12.68％	13.72％
资产净利率	6.37％	6.83％
净资产收益率	10.89％	12.08％

评价：同 2017 年的同类指标相比，2018 年公司盈利能力也有所提高。

(4)对因素分析法的具体应用，最广泛的是杜邦分析法(如图 6－1 所示)。

说明：由于题中并未给出 2016 年财务报表数据，为保持杜邦分析图的完整性，图中的总资产变化比率及所有者权益的变化比率是理论推断所得。

杜邦分析图通过逐层分解，能够更清晰地看到各项财务比率之间的关系，从而找出影响股东权益报酬率的因素，是因为经营活动本身的因素，还是资本结构影响。

2. 综上分析：总体来看，罗蒙公司面临较大的短期还债风险。但是从企业的销售成本及销售收入的比率来看，企业毛利率算是比较高了，说明该行业的市场环境较好，有一定的发展空间，而且企业近两年已经开始赢利，可预期的发展前景是较好的。

通过杜邦法对罗蒙公司财务报表综合分析，该公司主要存在以下优势及劣势：

优势：

(1)行业发展前景较好；

(2)市场销量逐步扩大，成本增长不多。

劣势：

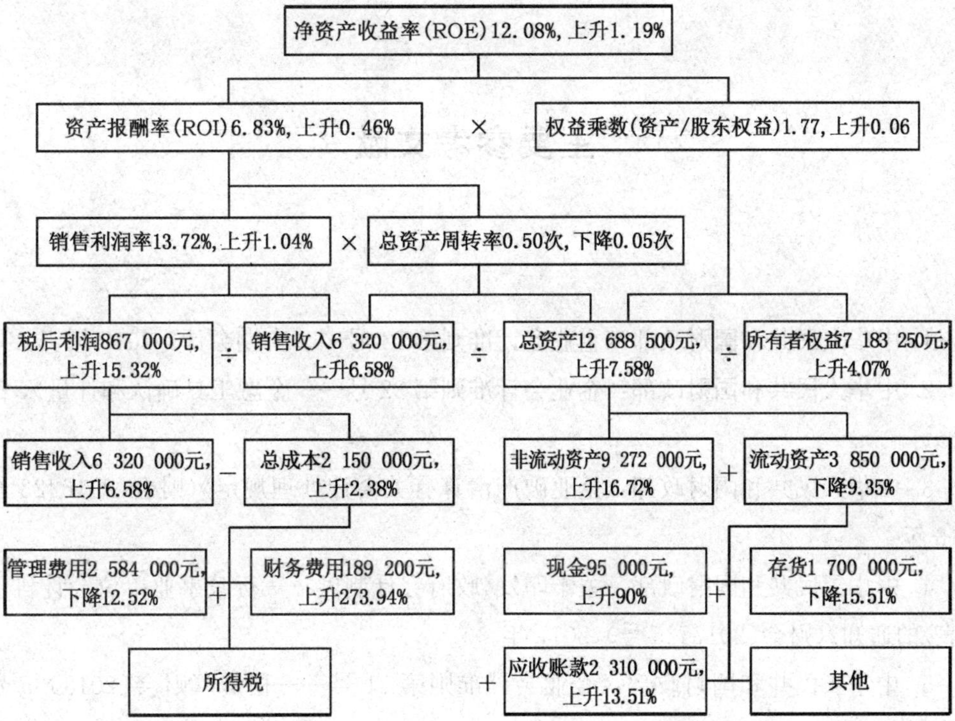

图6—1　杜邦分析图

(1)短期偿债能力不足;

(2)总资产周转率还不够理想,特别是应收账款周转率的降低是造成短期偿债能力不足的重要因素之一;

(3)管理费用过高,应加强增收节支力度。

三、思考训练

6.3　从互联网有关链接上选择某些上市公司的信息披露资料,运用最新财务分析方法进行综合比较分析,以评价不同公司股票的质量。

主要参考文献

1. 中华人民共和国财政部:《企业会计准则第 24 号——套期会计》,2017 年。

2. 中华人民共和国财政部:《企业会计准则第 22 号——金融工具确认和计量》,2017 年修订。

3. 中华人民共和国财政部:《企业破产清算有关会计处理规定》(财会〔2016〕23 号),2016 年。

4. 中华人民共和国财政部:《关于印发〈政府会计制度——行政事业单位会计科目和报表〉的通知》(财会〔2017〕25 号),2017 年。

5. 中华人民共和国财政部:《企业会计准则第 21 号——租赁》(财会〔2018〕35 号),2018 年修订。

6. 中国注册会计师协会:《2017 年度注册会计师全国统一考试辅导教材〈会计〉》,中国财政经济出版社、北京大学出版社 2017 年版。

7. 任春燕:《高级财务会计》,清华大学出版社 2017 年版。

8. 王奇杰、滕晓梅:《高级财务会计》,高等教育出版 2016 年版。

9. 刘永泽、傅荣:《高级财务会计》,东北财经大学出版社 2016 年版。

10. 中国证券监督管理委员会:《上市公司信息披露管理办法》,2006 年。

11. 上海证券交易所网站 http://www.sse.com.cn/。

12. 侃股网 http://www.eweb.net.cn/shangshigongsizixun/。

13. 中华会计网校(http://www.chinaacc.com)。

图书在版编目(CIP)数据

高级会计实务/张其秀主编. 一上海:上海财经大学出版社,2020.2
(高等院校经管类通用会计系列教材)
ISBN 978-7-5642-3478-2/F·3478

Ⅰ.①高… Ⅱ.①张… Ⅲ.①会计实务-高等学校-教材
Ⅳ.①F233

中国版本图书馆 CIP 数据核字(2020)第 011919 号

□ 责任编辑 李志浩
□ 封面设计 张克瑶

高级会计实务

张其秀 主 编
罗文波 副主编

上海财经大学出版社出版发行
(上海市中山北一路 369 号 邮编 200083)
网 址:http://www.sufep.com
电子邮箱:webmaster @ sufep.com
全国新华书店经销
江苏启东人民印刷有限公司印刷装订
2020 年 2 月第 1 版 2020 年 2 月第 1 次印刷

787mm×960mm 1/16 8.25 印张(插页:2) 171 千字
印数:0 001—2 500 定价:38.00 元